CÓMO APLICAR

gimnasia para el cerebro®

Técnicas de autoayuda para la escuela y el hogar

Dr. Paul E. Dennison
Gail E. Dennison

EDITORIAL
PAX MÉXICO

Brain Gym®

Brings it together

Título de la obra en inglés: *Brain Gym® Teacher's Edition*
Publicada por Edu-Kinesthetics, Inc., Ventura, California

TRADUCCIÓN:	Patricia Lozano, María Victoria de Gómez y Cristina Pruneda
CUIDADO DE LA EDICIÓN:	Russell Gibbon y Cristina Pruneda
COMPILACIÓN:	Russell Gibbon
TESTIMONIOS:	Mariela Treviño, Lourdes Ramírez, Guadalupe Ignorosa Luna, Carmen Foliot, Sonia Foliot, Marisela Díaz Méndez, Katharina Pfoerther, Ilse Jackobovits y Russell Gibbon
ILUSTRACIONES:	Gail E. Dennison, Russell Gibbon y Louise Heller, basadas en ilustraciones originales de Gail E. Dennison
COORDINACIÓN EDITORIAL:	Matilde Schoenfeld

© 1989 Fundación Brain Gym® International
© 2003 Editorial Pax México, Librería Carlos Cesarman, S.A.
      Av. Cuauhtémoc 1430
      Col. Santa Cruz Atoyac
      México D.F. 03310
      Teléfono: 5605 7677
      Fax: 5605 7600
      Correo electrónico: editorialpax@editorialpax.com
      Página web: www.editorialpax.com

Primera edición en esta editorial
ISBN 978-968-860-644-5
Reservados todos los derechos
Impreso en México / *Printed in Mexico*

Índice

Prefacio a la segunda edición en español

Al final de la década de los 60, el psicólogo clínico y educador Dr. Paul Dennison inició algo novedoso y único, especial y poderoso; su don creativo, que subsecuentemente ha enriquecido y desarrollado con su esposa Gail E. Dennison a lo largo de más de 30 años de investigación y práctica, se ha convertido en un movimiento educativo líder en el mundo entero: la Kinesiología Educativa; y dentro de dicho sistema, la serie de 26 movimientos de Gimnasia para el cerebro, ampliamente conocidos en algunos lugares del mundo.

Año con año, un gran número de maestros es capacitado profesionalmente y certificado para trabajar con el fascinante sistema de Dennison. Dichos maestros son ampliamente competentes, y están dedicados a hacer del aprendizaje algo eficaz, alegre, y con significado. Son mujeres y hombres especiales que pueden ayudar respetuosamente a otros a reconocer y superar limitaciones y resistencias del aprendizaje y a lograr una verdadera integración tanto de ambos hemisferios cerebrales como del cerebro con el cuerpo. Son capaces de recrear y extender la intención y espíritu educativos originales y presentar con fidelidad, precisión y profesionalismo las enseñanzas del Dr. Dennison, creador de la Gimnasia para el cerebro (Brain Gym). Este libro permite al lector echar un breve vistazo a lo que puede ser posible con la Kinesiología Educativa.

Muchas personas descubren los beneficios de la Gimnasia para el cerebro y del más amplio sistema de Kinesiología Educativa, al tomar alguno de los cursos impartidos por nuestros maestros con licencia. Al tomar un curso oficial de Gimnasia para el cerebro, certificado internacionalmente, de inmediato son notorios algunos de los beneficios de la integración de los hemisferios cerebrales, y de cuerpo-mente, que ocurren con la Gimnasia para el cerebro; por ejemplo: una sensorialidad expandida, y mayor conciencia emocional, de comportamiento y mental. Millones de personas, desde las más jóvenes hasta de edades más avanzadas, y de todos los contextos imaginables, están cumpliendo sus sueños y deseos, están descubriendo sus talentos y haciendo contribuciones reales a la calidad de vida y del aprendizaje alrededor suyo, gracias a la Gimnasia para el cerebro. Muchas más personas están profundizando su aprendizaje con sólo consultar los textos de Kinesiología Educativa de este libro y de *Cómo enseñar Gimnasia para el cerebro*, ambos escritos por el matrimonio Dennison.

Vivimos en la actualidad bajo grandes presiones –en escuelas, universidades, el trabajo y, en general, la vida que llevamos. Tenemos la presión de aprender más, y más rápido; como resultado, desafortunadamente, tendemos a dejar al margen algunas de las características específicas que han hecho siempre del aprendizaje algo eficaz y memorable (como el placer, la diversión, estimulación de los sentidos, interacción creativa, juego, movimiento, imaginación y tomarse el tiempo para reflexionar acerca de lo aprendido). Es curioso que en lugar de estos componentes sanos y naturales del verdadero aprendizaje, tendemos a favorecer la memorización, la "recolección y regurgitación de información", que en realidad es una forma de condicionamiento y no tanto de verdadero aprendizaje. Y, de manera más notoria, promovemos el paso directo hacia el miedo y la parálisis, haciendo cada vez más exámenes y pruebas. Mientras, nos preguntamos qué podemos hacer para resolver la pesada carga de dificultades que resultan de este énfasis equivocado: atención que se rompe fácilmente, la llamada hiperactividad, baja autoestima, mala memoria, falta de motivación, comportamiento agresivo y conflictivo, adicciones, depresión, estrés y desgaste. La Kinesiología Educativa y la Gimnasia para el cerebro han logrado resolver por décadas estos y otros problemas. Este libro es una buena introducción sobre los conceptos, herramientas y enfoques de la Kinesiología Educativa que todos podemos utilizar para generar cambios reales en cualquier área, de la vida o del trabajo.

Sea que el lector elija tomar un curso de capacitación de Gimnasia para el cerebro, o sólo lea y aplique las enseñanzas de este libro, lo felicitamos por invertir inteligentemente en este preciado e inmensamente práctico texto. Le damos la bienvenida con gran placer a la Gimnasia para el cerebro al mundo de habla hispana. "El movimiento es la puerta al aprendizaje", dicen los Dennison. Deseo al lector que pueda disfrutar con mayor riqueza su movimiento y su aprendizaje.

RUSSELL NEIL GIBBON, Director
Gimnasia para el cerebro, México.

Agradecimientos

Los autores quieren hacer un reconocimiento a los centenares de individuos que han llevado la Gimnasia para el cerebro a sus estudiantes, colegios y comunidades. El libro de la Fundación Brain Gym® Internacional es usado en el mundo de habla inglesa, incluyendo Estados Unidos, Canadá, Reino Unido, Australia y Nueva Zelanda y ha sido traducido a nueve idiomas. La Edición para Profesores fue creada por múltiples individuos que comparten la creencia en que "el movimiento es la puerta para el aprendizaje".

Agradecimientos especiales

A Azasha Joy Lindsey, quien fue la primera en creer el trabajo de Gimnasia para el cerebro utilizando una red de información.

A Bagrell Carroll, Rose Harrow, George y Colleen Gardner, quienes han vivenciado la Gimnasia para el cerebro y enseñan todos sus niveles.

A Guruchiter Kaur Khalsa y Josie Sifft, quienes completaron las primeras investigaciones experimentales que correlacionaban los movimientos de la Gimnasia para el cerebro con un mejoramiento en el desempeño.

A Nancy Kaplan Marshall, quien fue la primera en hacernos sentir la necesidad de un manual para profesores.

A Carla Hannaford, quien nos estimuló a escribir un programa para educadores, y ofreció la innovación del garabateo cuádruple.

A Sandra Hinsley, quien logró que sus estudiantes dibujaran las mejores formas con los movimientos de Gimnasia para el cerebro y quien creó la variación de la Respiración 3D como variación de la respiración de vientre.

Al Dr. Byung Kyu Park, por su útil variación de la respiración de vientre.

A Dorothy H.L. Carroll, cuyo compromiso de acercar la Gimnasia para el cerebro a los educadores profesionales nos inspiró para crear este manual.

A Sarab Atma Kaur por su dedicación en la transcripción y corrección del manuscrito original.

A Lark Carroll por su entusiasmo en la edición y por sus sugerencias.

A Susan Latham quien realizó movimientos con sus estudiantes que fueron inspiración para todos nosotros.

A Sonia Nordenson y Jari Chevalier por la edición y corrección de esta edición reciente.

Un mensaje
para padres y educadores

La Gimnasia para el cerebro es una serie de actividades simples y agradables que usamos con nuestros estudiantes de Kinesiología Educativa (Edu-K) para reforzar su experiencia de aprendizaje de cerebro integrado. Estas actividades faciliten todo tipo de aprendizaje y son especialmente efectivas en relación a las habilidades académicas. La palabra "educación" viene de la palabra latina "educare" que significa "sacar, extraer". Kinesiología, deriva de la raíz griega "kinesis", significa movimiento, y es el estudio del movimiento del cuerpo humano. La Kinesiología Educativa es un sistema para *habilitar* a estudiantes de cualquier edad usando actividades de movimiento para que el potencial escondido aflore y esté fácilmente disponible.

Tradicionalmente, los educadores han fracasado en el diseño de programas para motivar, reforzar, ejercitar e "imprimir" el conocimiento. Estos programas han tenido éxito hasta cierto punto. Sin embargo, ¿por qué algunos alumnos se desempeñan tan bien mientras que otros no? En Edu-K, vemos que algunos individuos hacen demasiado esfuerzo y "desconectan" los mecanismos integradores necesarios para el aprendizaje completo. Se recibe la información en la parte posterior del cerebro como una "impresión" pero es inaccesible a la parte frontal del cerebro como una "expresión". La inhabilidad para expresar lo que ha sido aprendido encierra al estudiante dentro de un síndrome de fracaso.

La solución es aprender con todo el cerebro, a través de una reprogramación del movimiento y de las actividades de Gimnasia para el cerebro que permitan al estudiante acceder a aquellas partes del cerebro anteriormente inaccesibles. Los cambios en el aprendizaje y en el comportamiento son generalmente inmediatos y profundos cuando los estudiantes descubren cómo recibir información y expresarse simultáneamente.

Otros libros de esta serie incluyen Edu-K para niños, que enseña procedimientos de reprogramación recomendados para toda persona que desee mejorar la calidad de su vida, su aprendizaje y que disfrute del ejercicio. El libro de Gimnasia para el cerebro enseña actividades sencillas que han cambiado muchas vidas desde que se introdujo por primera vez. A pesar de que las actividades de Gimnasia para el cerebro ayudan a cualquier individuo joven o adulto a hacer un mejor uso del potencial innato de aprendizaje, son más efectivas después de La Reprogramación Lateral De Dennison (descrito en *Edu-K For Kids*). El manual del profesor ofrece una explicación más profunda de los ejercicios de Gimnasia para el cerebro y de los conceptos de aprendizaje integral para el cerebro.

Durante más de cincuenta años, los pioneros en desarrollo optómetra y entrenamiento sensorio-motor han aportado investigaciones estadísticas que muestran los efectos del movimiento sobre el aprendizaje. La familiaridad del doctor Dennison con esta investigación, orientada principalmente hacia niños con dificultades específicas de lenguaje, lo llevaron a extrapolar esta información en movimientos rápidos, sencillos y de tareas específicas que benefician a cada estudiante. Estos movimientos del cuerpo y de la energía, son apropiados para las necesidades especiales de gente que está aprendiendo en nuestra cultura moderna y altamente tecnológica. Este libro fue escrito de tal manera que la gente pueda experimentar los efectos vitalizantes de estos movimientos en las actividades de su vida diaria.

Muchos profesores usan todos los movimientos de Gimnasia para el cerebro diariamente en su clase. Otros usan solamente los movimientos relativos a la lectura durante la hora de lectura. Desde luego, no se debe exigir a nadie que realice movimientos que le resulten incómodos. Cada estudiante debe trabajar dentro de sus propias habilidades y se le debe estimular mas no forzar a que realice algunas de estas actividades. Los estudiantes nos cuentan que realizan estos ejercicios automáticamente, sabiendo cuándo se pueden beneficiar de la Gimnasia para el cerebro.

Para los padres y profesores que utilicen el Manual de Profesor de Gimnasia para el cerebro, las categorías tituladas Activa el Cerebro, Para Habilidades Académicas y Correlación de Comportamiento y Postura pueden ser especialmente útiles. Con frecuencia, realizar los ejercicios de Gimnasia para el cerebro para una habilidad específica permitirá al estudiante lograr una mejoría inmediata en el comportamiento o desempeño. Sin embargo, en la mayoría de los casos, la información ayudará al padre o al profesor a guiar al estudiante gradualmente hacia beneficios a largo plazo.

Cuando se presenta la Gimnasia para el cerebro a los estudiantes les gusta, la solicitan y la enseñan a sus amigos, integrándola a sus vidas sin necesidad de guiarlos o supervisarlos. El profesor entrenado que disfruta del ejercicio, ¡inspirará los ejercicios sin esfuerzo!

Introducción

Ésta es una guía que acompaña al libro *Gimnasia para el cerebro* para uso de padres, educadores y otras personas que estén trabajando activamente con niños o adultos, individualmente o en grupos, para ayudarlos a alcanzar su máximo potencial de aprendizaje. El lector encontrará que éste es un libro de referencia fácil de usar con explicaciones sencillas para el aprendizaje de la Gimnasia para el cerebro. Al consultar cualquiera de sus páginas, el educador encontrará información y estrategias de enseñanza que le permitirán explicar, refinar y variar la actividad para cualquier individuo, situación o necesidad. Cada página incluye información bajo estos títulos:

- Guías de enseñanza
- Variaciones
- Activa el cerebro para
- Correlación comportamiento/postura
- Habilidades académicas
- Ejercicios relacionados
- Historia del ejercicio

Como explica, las Historias de los movimientos, estas actividades de Gimnasia para el cerebro fueron descubiertas para estimular (Dimensión de lateralidad), liberar (Dimensión de enfoque) o relajar (Dimensión de centrar) a los estudiantes dentro de situaciones particulares de aprendizaje. Observamos que algunas actividades específicas eran más útiles que otras para resolver bloqueos de aprendizaje individuales y reconocimos un patrón. Esta edición puede guiar al educador o padre en la observación y reconocimiento de estos patrones y por tanto, capacitarlo para facilitar una experiencia de aprendizaje en forma más precisa y adecuada.

¡Hola! Todos vamos a la Gimnasia para el cerebro. Unos pocos minutos allá nos proporcionan una gran energía mental durante todo el día.

Antes odiábamos leer, escribir y estudiar. Mirábamos televisión todo el día.

Ahora nos encanta estudiar y tenemos energía para todas nuestras actividades. Y lo mejor de todo, cuando nos atoramos sabemos qué hacer para salir adelante.

El cerebro humano, como un holograma, es tridimensional, con partes interrelacionadas como un todo. Por tanto, el niño o alumno preescolar es capaz de comprender el mundo de los adultos en forma global y de recrearlo; el estudiante integra fácilmente el aprendizaje presentado en una orientación multisensorial más que abstracta. Sin embargo, el cerebro humano también trabaja afrontando tareas específicas, y para el propósito de aplicar los ejercicios de la Gimnasia para el cerebro, lo concebimos como un cuerpo que comprende los hemisferios cerebrales derecho e izquierdo (Dimensión de lateralidad), el tallo cerebral y los lóbulos frontales (Dimensión de enfoque) y el sistema límbico y la corteza cerebral (Dimensión de centrar).

Dentro de la lateralidad existe el potencial para la integración bilateral, la habilidad para cruzar la línea media central del cuerpo y para trabajar en el campo medio. Cuando se ha dominado esta habilidad se puede procesar un código lineal, simbólico, escrito, de izquierda a derecha y de derecha a izquierda una habilidad fundamental para el éxito académico (ver Edu-K para Chicos). La inhabilidad para cruzar la línea media resulta en denominaciones tales como "dificultad de aprendizaje" o "dislexia". Los movimientos que ayudan a estimular la integración bihemisférica o bilateral se identifican bajo la categoría de Activa el cerebro para.

El enfoque es la habilidad de cruzar la línea media de participación, la cual separa la parte posterior de la anterior del cuerpo así como también los lóbulos posteriores (occipital y frontal). Si no se completan los reflejos de desarrollo, el resultado es una inhabilidad para expresarse con facilidad y para participar activamente en el proceso de aprendizaje. Los estudiantes que están desenfocados generalmente se consideran como "desatentos", "incapaces de comprender", "lentos en el lenguaje" o "hiperactivos". Algunos niños se sobre-enfocan y "se esfuerzan demasiado". Los movimientos que ayudan a desbloquear el enfoque, se designan como actividades de integración posterior/anterior bajo la categoría de Activa el Cerebro para.

Centrarse es la habilidad de cruzar la línea media entre la parte superior e inferior del cuerpo y las funciones correspondientes superior e inferior del cerebro; el cerebro medio (contenido emocional) y el cerebro (pensamiento abstracto). No se puede aprender realmente nada sin los sentimientos y un sentido de significación. Inhabilidad para permanecer centrado resulta en un miedo irracional, respuestas de lucha-o-huída, o la inhabilidad de sentir o expresar emociones. Aquellos movimientos que relajan el sistema y preparan al estudiante para absorber y procesar información sin agregar una carga emocional negativa, se identifican como centrantes bajo la categoría de Activa el cerebro para.

Una vez que el estudiante aprende a mover sus ojos, manos y cuerpo coordinadamente, las actividades de la Gimnasia para el cerebro han logrado su propósito y la integración se convierte en una elección automática. Algunos individuos encontrarán que la Gimnasia para el cerebro es útil por un corto período para establecer un comportamiento deseado. Muchos estudiantes eligen conscientemente continuar con los ejercicios durante semanas o meses para reforzar el nuevo aprendizaje. Muchos estudiantes volverán a su rutina favorita de ejercicios de Gimnasia para el cerebro cuando aparecen nuevas tensiones o desafíos en su vida.

La Gimnasia para el cerebro se basa en tres premisas simples:

1. El aprendizaje es una actividad natural y agradable que continúa a través de la vida.

2. Los bloqueos de aprendizaje son la inhabilidad de moverse a través de la tensión y la incertidumbre de una nueva tarea.
3. Todos padecemos de "bloqueo de aprendizaje" en la medida en que hemos aprendido a no movernos.

Muchos de nosotros hemos llegado a aceptar limitaciones en nuestras vidas como inevitables y nos cuesta encontrar los beneficios que la tensión positiva nos puede traer. Los ejercicios de Gimnasia para el cerebro son una alternativa natural y saludable para manejar la tensión que podemos enseñar a otros cuando se nos presenten nuevos retos.

El educador, en particular, tiene que ser un experto en identificar comportamientos que indiquen que el estudiante está experimentando dificultades para integrar la información. Con la Gimnasia para el cerebro, la mayoría de los bloqueos de aprendizaje se pueden liberar si se reconocen y enfrentan de una manera positiva.

El niño sano sabe cuándo está estancado y pide ayuda a través de su comportamiento. No hay niños perezosos, retraídos, agresivos y enojados sino solamente niños a quienes se les ha negado la posibilidad de aprender de la manera natural en ellos.

Si se le da la oportunidad de moverse a su manera, el niño será capaz de completar el ciclo de aprendizaje. Con ayuda, y con permiso de moverse por el aula de una manera positiva, desarrollará su inteligencia única y completa de una manera que es natural y sencilla. No estará bloqueado y estará libre para aprender.

¡Hola! Soy Gaby. Me encanta hacer la Gimnasia para el cerebro. El colegio solía ser un esfuerzo terrible para mí. Sacaba buenas notas, pero no tenía tiempo para mí misma. Hacer la Gimnasia para el cerebro es como poner en marcha el motor. Siento cómo me zumba todo el cerebro. ¡Todo me resulta tan fácil ahora!

¿Qué es la Gimnasia para el cerebro?

También conocida como Brain Gym, es la marca registrada de un programa de 26 actividades físicas orientadas a mejorar las habilidades para la lectura, entre otras. Originalmente, la Gimnasia para el cerebro fue diseñada para capacitar a infantes y adultos para sobrellevar las llamadas "dificultades de aprendizaje". Pero, de hecho, beneficia a cualquier persona que practique los movimientos, sin importar su edad.

> La Gimnasia para el cerebro desarrolla las conexiones neuronales del cerebro del mismo modo como lo hace la naturaleza: mediante el movimiento.

Está respaldada por 80 años de investigación realizada por especialistas en movimiento físico, educación y desarrollo infantil. Y la investigación específica que guió su desarrollo inició en 1969 con el doctor Paul Dennison, entonces director del centro de aprendizaje California's 8 Valley Remedial Group Learning Centers. El doctor Dennison buscaba maneras de ayudar a niños y adultos que habían sido diagnosticados con "dificultades de aprendizaje". Sus investigaciones lo condujeron al aprendizaje de la kinesiología, ciencia que estudia el movimiento y su relación con la función del cerebro. Se sabía ya que el movimiento físico coordinado es necesario para el desarrollo del cerebro. Los bebés y niños pequeños llevan a cabo de manera natural lo que los expertos en educación infantil primaria llaman *movimientos para el desarrollo*. Tales movimientos desarrollan las conexiones neuronales del cerebro, esenciales para el aprendizaje. Paul Dennison descubrió maneras de adaptar y dar secuencia a esos movimientos para que fueran eficaces también para niños mayores y adultos.

> El resultado es un sistema orientado a actividades que mejoran el desempeño en todas las áreas: intelectual, creativa, atlética e interpersonal.

Facilitadores capacitados han enseñado la Gimnasia para el cerebro alrededor del mundo, en cientos de escuelas públicas y privadas. Es un método eficaz, según comprueban diversos estudios publicados, y minuto a minuto está siendo incorporada en un número creciente de programas de capacitación corporativa, institucional y de atletismo. Desde 1990, la fundación nacional estadounidense para el aprendizaje eligió la Gimnasia para el cerebro como una de las tecnologías líder en educación. Actualmente, el programa de Gimnasia para el cerebro es utilizado en más de 80 países por niños, adultos y ancianos para mejorar con velocidad y a veces notablemente la concentración, la memoria, las habilidades para leer, para la escritura, los deportes y el bienestar, entre muchos otros beneficios que genera.

Información sobre Gimnasia para el cerebro
Publicaciones, productos, cursos, investigación
 e información en español:
Russell Gibbon y Cristina Pruneda
Arte del Cambio
Apartado postal 5099,
Col. Cuauhtémoc, México 06500, D. F.
Teléfono y fax: (5255) 55 11 07 94
Correo electrónico: info@artedelcambio.com
Páginas en internet: www.artedelcambio.com
    www.braingym.com.mx
    www.braingymlatino.com

Movimientos
de la Línea Media

Los Movimientos de la Línea Media se enfocan en las habilidades necesarias para los movimientos fáciles de ambos lados (derecha-izquierda) a través del cuerpo. La Línea Media vertical del cuerpo es la referencia necesaria para todas las habilidades bilaterales. El campo medio (designado por primera vez por el doctor Dennison) es el área donde los campos visuales derecho e izquierdo se traslapan (cruzan) requiriendo que el par de ojos y todos los músculos recíprocos trabajen en equipo, que ambos ojos funcionen como si fueran uno solo. El desarrollo de habilidades de ejercicio bilateral para gatear, caminar o ver la profundidad de los objetos, es esencial para que el niño pueda desarrollar su sentido de autonomía. Es también un prerrequisito para la coordinación de la totalidad del cuerpo y la facilidad de aprendizaje en el área de la visión cercana. Los Movimientos de la Línea Media ayudan a integrar la visión binocular, la audición con ambos oídos y los lados derecho e izquierdo del cerebro y del cuerpo.

Muchos estudiantes que comienzan su etapa escolar, no están preparados en su desarrollo para habilidades bilaterales y de dos dimensiones en el trabajo de foco cercano. Algunas veces el estudiante tiene buena coordinación en actividades de juegos o deportes (que implican espacio tridimensional y que exigen visión binocular más allá de la distancia que alcanza su brazo), y, a pesar de esto no está en condición de usar ambos ojos, oídos, manos y hemisferios cerebrales para trabajo de campo cercano,

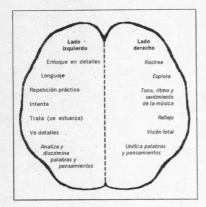

Éste es un esquema de mi cerebro mirándote de frente. El hemisferio izquierdo está activo cuando uso el lado derecho de mi cuerpo. El hemisferio derecho activa el lado izquierdo del cuerpo. Al pensar en una X mi cerebro sabe que quiero usar ambos lados de mi cuerpo al mismo tiempo. Los **Movimientos de la línea media** son actividades de la Gimnasia para el cerebro que me ayudan a practicar usando ambos hemisferios a la vez, en armonía, haciendo que la X trabaje mejor cada vez.

tales como lectura, escritura y otras habilidades que involucran coordinación motora fina.

Otros estudiantes muestran coordinación para habilidades académicas o para actividades de campo cercano mas no están listos para coordinación de la totalidad del cuerpo en el campo de juego.

Los Movimientos de Línea Media propician que se completen habilidades de desarrollo y dan al estudiante posibilidad de construir sobre las operaciones concretas ya establecidas. Ayuda a los estudiantes a aumentar la coordinación de las partes superior e inferior del cuerpo, tanto para actividades de motricidad gruesa como para las de motricidad fina.

Las actividades de motricidad cruzada han sido utilizadas para activar el cerebro desde que comenzó la comprensión de la lateralidad hace más de un siglo. Autoridades notables como Orton, Doman, Delacato, Kephart y Barsch han usado movimientos similares con éxito en sus programas de enseñanza. El doctor Dennison utilizó el conocimiento de estos programas para desarrollar una serie de Movimientos de la línea media.

El doctor Paul Dennison ha trabajado estrechamente con optómetras del comportamiento por más de veinte años. Reconoce el valor del desarrollo motor perceptual y del entrenamiento de la visión para ciertos estudiantes y ha incluido sus propias innovaciones del ejercicio para liberar el estrés visual y crear habilidades de trabajo coordinado de los ojos.

Algunos de los Movimientos de Línea Media han sido adaptados de actividades usadas en desarrollo optómetra para aumentar la coordinación cerebro-cuerpo. Otros han sido tomados de programas de deporte, danza y ejercicios. Y otros más, exclusivos de Edu-K, son innovaciones del doctor Dennison.

Gateo cruzado

En este ejercicio contralateral parecido a caminar en el lugar, el estudiante mueve alternativamente un brazo y su pierna opuesta y el otro brazo y su pierna opuesta. Puesto que el gateo cruzado accede ambos hemisferios cerebrales simultáneamente, éste es el calentamiento cerebral ideal para todas las habilidades que requieren del cruce de la línea media lateral del cuerpo.

Guías para la enseñanza

- El Agua y los Botones de cerebro ayudan a preparar el cuerpo y el cerebro para responder al Gateo cruzado.
- Para activar el sentido kinestésico, alternadamente toque con cada mano la rodilla opuesta.

Cada mañana hacemos el **Gateo cruzado,** al ritmo de la música. Yo coordino el movimiento en tal forma que, al mover un brazo, la pierna del lado opuesto de mi cuerpo se mueve al mismo tiempo. Me muevo hacia adelante, hacia los lados y hacia atrás, y muevo los ojos en todas direcciones. De vez en cuando toco con mi mano la rodilla opuesta para "ayudarme a cruzar la línea media". Cuando ambos hemisferios cerebrales trabajan juntos así me siento realmente listo para aprender cosas nuevas.

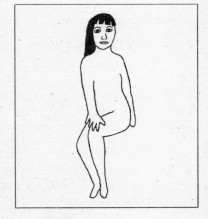

Variaciones

- Gateo cruzado sentado, moviendo el brazo y la pierna opuesta al mismo tiempo.
- Extender un brazo y la pierna opuesta en direcciones diferentes.
- Estire el brazo hacia atrás para tocar el pie opuesto.
- Haga una Gateo cruzado lento, estirando completamente un brazo y la pierna opuesta (Gateo cruzado para enfoque).
- Saltar (ligeramente) entre cada Gateo cruzado (saltar es especialmente útil para centrarse; también alivia el estrés visual).
- Para mejorar el equilibrio, haga Gateo cruzado con los ojos cerrados o pretenda que nada mientras hace Gateo cruzado.
- Use rótulos autoadhesivos de colores o cintas en las manos y pies opuestos para los niños que necesiten de esta ayuda.
- Hacer gateo cruzado con música y ritmos variados.

Activa el cerebro para:

- Cruzar la línea media visual/auditiva/kinestésica/táctil.
- Movimientos oculares de izquierda a derecha.
- Mejoramiento de visión binocular (ambos ojos a la vez).

Habilidades académicas

- Ortografía (deletreo).
- Escritura.
- Escuchar.
- Lectura y comprensión.

Correlaciones comportamiento/postura

- Mejoramiento de coordinación izquierda/derecha.
- Mejora la respiración y el vigor.
- Mayor coordinación y conciencia espacial.
- Mejoramiento de la visión y audición.

Movimientos relacionados

- Ocho perezoso, p. 5.
- Botones del cerebro, p. 58.
- Sombreros de pensamiento, p. 72.

Historia del movimiento

A medida que crece el cuerpo, la interacción de los lados opuestos a través del movimiento ocurre naturalmente durante actividades tales como gatear, caminar y correr. Durante este siglo, el gatear ha sido utilizado para crear patrones neurológicos que maximicen el potencial de aprendizaje. Los expertos han teorizado que los movimientos contralaterales trabajan activando los centros del lenguaje y del habla del cerebro. Sin embargo, el doctor Dennison descubrió que la actividad Gateo cruzado es efectiva porque estimula tanto el hemisferio receptivo como el hemisferio de la expresión del cerebro, facilitando el aprendizaje integrado. Esta preferencia por el movimiento de todo el cerebro sobre el procesamiento de sólo un lado del cerebro puede establecerse por medio de la Reprogramación Lateral de Dennison.

Ocho perezoso

Dibujar Ocho perezoso o símbolos de "infinito" permite al lector cruzar la línea media visual sin interrupción activando así ambos ojos e integrando los campos visuales derecho e izquierdo. El ocho se dibuja horizontalmente e incluye un punto medio definido y áreas derecha e izquierda separadas, unidas por una línea continua.

Guías de enseñanza

- El estudiante se sitúa enfrente de un punto a nivel de sus ojos. Éste será el punto medio del ocho.
- El estudiante escoge una posición confortable para dibujar el Ocho perezoso, ajusta el ancho y la altura según sus

Mi papá dibuja el **Ocho perezoso** conmigo. Él dice que solía olvidar palabras y de perder el hilo cuando leía. Ahora hacemos turnos leyéndonos uno al otro. Vamos a la biblioteca juntos ¡y nos divertimos tanto con los libros! Traza el **Ocho perezoso** tres veces con cada mano, y luego tres veces con las manos juntas.

necesidades. (Es mejor incluir el campo visual total y la extensión de ambos brazos.)

- El estudiante puede usar la mano izquierda primero para activar el hemisferio cerebral derecho inmediatamente.
- Comienza en la línea media y primero se mueve en contra de las manecillas del reloj arriba, encima, alrededor. Después mueve de su cintura hacia arriba en sentido de las manecillas del reloj: arriba, encima, alrededor y de vuelta hasta el inicio de la línea media.
- A medida que los ojos siguen el ocho lento, la cabeza se mueve ligeramente y el cuello permanece relajado.
- Se repite el ejercicio tres veces con cada mano por separado y después con las dos al tiempo. Se pueden usar dos tizas o tintas de diferente color.

Variaciones

- Se puede involucrar el proceso auditivo y enseñar lateralidad diciendo "arriba, hacia la izquierda, en círculo. Cruzar en el medio y hacia arriba. Alrededor, hacia abajo y regresar al medio".
- El estudiante puede realizar los ejercicios con los ojos cerrados para aumentar el sentido kinestésico del Ocho perezoso.

- Tararear mientras se realiza ejercicios de Ochos perezosos puede aumentar la relajación.
- Pueden dibujarse Ochos perezosos en el aire o sobre diferentes superficies de diversa textura como por ejemplo, arena, papel o pizarrón.
- Gradúa los ochos de tamaño mayor a más pequeño, dibujando primero una superficie amplia paralela a la cara del estudiante y después en un pupitre, de tal manera que el ejercicio esté conectado con la escritura.
- Ochos perezosos: gire ambos brazos simultáneamente hacia abajo, después crúcelos uno sobre otro y después hacia arriba y encima. Mueva los brazos lentamente, tomando conciencia de ambos campos visuales derecho e izquierdo, rápidamente, enfocando suavemente en la imagen residual de los brazos.

Activa el cerebro para:

- Cruce de la línea media visual para aumentar la integración hemisférica.
- Reforzar la visión binocular y periférica.
- Mejorar la coordinación ocular-muscular (especialmente para a lectura).

Habilidades académicas

- Mecánica de lectura (movimiento de los ojos izquierda a derecha).
- Reconocimiento de símbolos para decodificar lenguaje escrito.
- Comprensión de lectura (memoria asociativa a largo plazo).

Correlaciones comportamiento/postura

- Relajación de ojos, cuello y hombros mientras se enfoca.
- Mejoramiento de percepción de profundidad.
- Mejoramiento de la capacidad para centrarse, equilibrio y coordinación.

Ejercicios relacionados

- Botones de cerebro, p. 58.
- Gateo cruzado, p. 3.
- Garabato doble, p. 8.

Historia del ejercicio

El ejercicio que consiste en seguir el movimiento de un dibujo del signo de "infinito" ha sido utilizada en terapias educacionales con el fin de desarrollar la conciencia kinestésica y táctil en estudiantes con severos problemas de aprendizaje. Estos estudiantes no están aún neurológicamente maduros para cruzar la línea media visual. El ejercicio elimina reversiones y transposiciones en lectura y escritura. El doctor Dennison adaptó el ocho lento como parte de los ejercicios de entrenamiento de visión en 1974 al hacer que los estudiantes usaran su musculatura gruesa para dibujar ochos lentos en el tablero, siguiendo con los ojos los movimientos de la mano. Sus estudiantes mostraron progresos inmediatos en la habilidad de discriminación de símbolos y para distinguir su lado izquierdo del derecho.

Garabato doble

Es una actividad de dibujo bilateral que se realiza en el campo medio para establecer la dirección y la orientación espacial relativa al cuerpo. Cuando el estudiante ha desarrollado el sentido de la discriminación izquierda-derecha, a medida que dibuja y escribe, se percibe a sí mismo en el centro y los movimientos hacia, desde, arriba y abajo se interpretan en relación con ese centro. Antes del desarrollo de este sentido el estudiante torpemente busca cómo reproducir formas de memoria cuando escribe o dibuja.

El Garabato doble se experimenta mejor con la musculatura gruesa de los brazos y los hombros. Sitúese detrás del estudiante y guíele los brazos y manos a través de algunos movimientos sencillos. Enseñe al estudiante a referirse a su línea media física

Nunca pensé que tenía talento de artista antes de usar la Gimnasia para el cerebro. Ahora hago el **Garabato doble**, dibujando con ambas manos al mismo tiempo, "hacia adentro", "afuera", "arriba", y "abajo". Siempre quedo sorprendida de las formas interesantes que creo, y ¡cuán relajados se sienten mis brazos y ojos! Además, se me hace mucho más fácil escribir ahora.

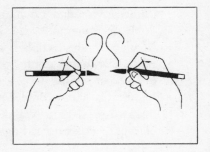

como referencia direccional. Dígale "afuera, arriba, adentro y abajo" mientras lo guía para que dibuje cuadrados con ambas manos simultáneamente. Termine cuando el estudiante pueda mover las manos al mismo tiempo como "en espejo".

Guías de enseñanza

- Comience permitiendo que el estudiante haga garabatos con ambas manos al mismo tiempo (como en la pintura dactilar).
- El estudiante comienza con grandes movimientos de los brazos, con cuello y ojos relajados, trabajando en una superficie amplia.
- Enfatice el proceso mas no el resultado. Evite hacer juicios positivos o negativos.
- Estimule movimientos relajados de cabeza y ojos. Evite la rigidez y tensión.
- Tenga muestras de figuras de garabateo doble que otros alumnos hayan realizado.
- Estimule la innovación y experimentación.
- Es más atractivo realizar Garabato doble de formas como círculos, triángulos, estrellas, corazones, árboles o caras cuando se hacen espontáneamente, en lugar de exigirlo.

Variaciones

- Vaya cambiando de una superficie amplia a una más pequeña de papeles pegados sobre el pupitre o en el piso.

- Ofrezca variedad de herramientas para hacer Garabato doble (por ejemplo, tiza, pintura, marcadores, crayolas).
- Realice Garabatos dobles en el aire como actividad grupal.
- Haga Garabatos dobles tocando diferentes dedos con el pulgar (se liberan tensiones pulgar/índice).
- Dibuje Garabatos dobles en el aire con los hombros, muñecas o pies (para relajar tensiones).
- Garabato cuádruple: hágalo con pies y manos al mismo tiempo.

Activa el cerebro para:

- Coordinación mano-ojo en diferentes campos visuales.
- Cruce de la línea media kinestésica.
- Conciencia espacial y discriminación visual.

Habilidades académicas

- Seguimiento de instrucciones.
- Descodificación y codificación de símbolos escritos.
- Escritura, ortografía y matemáticas.

Correlaciones comportamentales/posturales

- Conciencia de izquierda y derecha.
- Mejoramiento de la visión periférica.
- Conciencia del cuerpo, coordinación y especialización de manos y ojos.
- Mejoramiento de habilidades deportivas y habilidades de movimiento.

Ejercicios relacionados

- Ocho perezoso, p. 5.
- Ocho alfabético, p. 11.
- El elefante, p. 14.

Historia del ejercicio

El doctor Gettman, optómetra especializado en el desarrollo de la visión describió el dibujo bilateral en su primer libro "Cómo incrementar la inteligencia de su hijo". El doctor Dennison adaptó esta actividad para los estudiantes de su centro de aprendizaje, estimulando la creatividad, el juego y la innovación. El Garabato doble ayuda a desarrollar habilidades del trabajo de los ojos "en equipo", coordinación ojo-mano, lateralidad manual, convergencia visual y uso del campo medio. Cuando la visión mejora, generalmente mejora paralelamente el rendimiento académico.

Ocho alfabético

Este ejercicio es una adaptación de la forma del Ocho perezoso para escribir las letras en minúsculas desde la *a* hasta la *t* (estas letras evolucionaron del sistema arábico; las letras *u* hasta *z* vienen del alfabeto romano). Esta actividad integra los movimientos involucrados en la formación de estas letras, permitiendo al que escribe que cruce la línea media visual sin confusión. Cada letra está claramente superpuesta en un lado o en el otro (ver la ilustración). Un trazo hacia abajo termina la letra o comienza una nueva. Para la mayoría de los estudiantes, cuando mejoran

En cuanto siento que mi escritura parece desordenada, yo practico mi **Ocho alfabético**, colocando cada letra en su lugar en el **Ocho perezoso**. Así puedo pensar en forma creativa y escribir al mismo tiempo.

NOTA: Vea el resto del alfabeto en la página 102.

la escritura de las letras minúsculas, también toda la escritura se les facilita.

Guías de enseñanza

- El estudiante realiza algunos ejercicios de Ocho perezoso (ver p. 5) antes de comenzar esta actividad.
- Esta actividad se realiza primero a gran escala, haciendo dibujos en el pizarrón o en el aire primero con las manos entrelazadas para activar la musculatura gruesa de brazos, hombros y pecho.
- Nótese que las letras del campo visual izquierdo comienzan en la línea media y se mueven "arriba, alrededor y abajo".
- Nótese que las letras del campo visual derecho comienzan en la línea media y se mueven "abajo, arriba y alrededor".
- Ayude a los estudiantes a descubrir las similitudes estructurales entre las letras (por ejemplo, "vea la *r* en la *m* y la *n*").

Variaciones

- Sitúese enfrente al estudiante para enseñarle los Ochos alfabéticos. Entrelace sus manos con las suyas, doble sus rodillas y muévase con la descripción y el ritmo de cada letra (trace la imagen "en espejo").
- Involucre la integración auditiva, visual, kinestésica y táctil al decir cada letra "arriba, alrededor y abajo" o "abajo, arriba y alrededor".
- Trace las letras en arena y sobre superficies de diferentes texturas para sentir el flujo de los Ochos alfabéticos.
- Haga el ejercicio con los ojos cerrados "cantándolo".
- El Ocho alfabético se puede hacer más pequeño (en tamaño de letra manuscrita), cuando se ha hecho suficiente práctica e integración de la musculatura gruesa.
- Escriba las letras de palabras de la lista de ortografía en forma de Ochos alfabéticos.

Activa el cerebro para:

- Cruce de la línea media kinestésica/táctil para la escritura bihemisférica en el campo medio.
- Mayor conciencia periférica.
- Coordinación ojo-mano.
- Reconocimiento y discriminación de símbolos.

Habilidades académicas

- Habilidades de musculatura fina.
- Escritura manuscrita (caligrafía).
- Escritura cursiva.
- Deletreo.
- Escritura creativa

Correlaciones comportamentales/posturales

- Relajación de ojos, cuello, hombros y muñecas durante la escritura.
- Mejoramiento de la concentración durante la escritura.
- Mayor habilidad en actividades que involucran la coordinación ojo-mano.

Ejercicios relacionados

- Activación de brazo, p. 38.
- Rotación de cuello, p. 17.
- Garabato doble, p. 8.

Historia del ejercicio

La figura del 8 ha sido usada por largo tiempo en Educación Especial y en el entrenamiento de las percepciones para ayudar a los estudiantes con dislexia y disgrafía severas. En 1974 el doctor Dennison conoció la figura del ocho para la escritura como parte de un programa de actualización en sus centros de aprendizaje en California e inmediatamente comenzó a incluirlos a gran escala en su propio programa para desarrollar la coordinación ojo-mano y otras habilidades visuales. La "reprogramación" de estudiantes para el alfabeto por vía de los Ochos alfabéticos es una de las adaptaciones especiales de este ejercicio realizadas por el doctor Dennison.

El Elefante

La gracia y equilibrio de los elefantes han inspirado este movimiento. Un elefante macho de la especie hindú puede pesar más de 4,500 kilos y sin embargo cada centímetro cuadrado de su cojín plantar soporta sólo veintiún libras de peso (comparativamente, una mujer de ciento veinte libras puede soportar cuatro y media libras por cada centímetro cuadrado de sus tacones altos). Las orejas del elefante de África Oriental cubren un tercio del total de la superficie de su cuerpo. Su habilidad auditiva puede fundamentar en parte su bien desarrollada inteligencia.

El ejercicio de El elefante activa el oído interno para mejorar el balance y equilibrio y también integra el cerebro para escuchar con ambos oídos. Relaja los músculos tensos del cuello, que generalmente se tensionan en reacción ante el sonido o un ex-

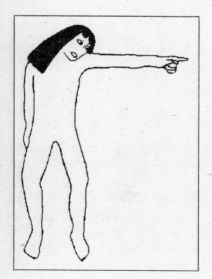

Mamá y yo hacemos **El elefante** juntas. Ella dice que esto relaja su cuello y sus ojos. A mí me gusta deletrear palabras (y las tablas de multiplicar) en el aire con "mi trompa". ¡Así nunca se me olvidarán! **El elefante** también me ayuda a escuchar mejor. Dobla tus rodillas un poco, "pega" tu cabeza al hombro y apunta con tu brazo-mano hacia adelante. Traza un **Ocho perezoso** moviendo la parte superior de tu cuerpo con ayuda de las costillas. Mira más allá de tus dedos (no importa si ves dos manos). Repite con el otro brazo.

cesivo movimiento de labios durante la lectura silenciosa. En el ejercicio de El elefante el torso, la cabeza, el brazo y mano que señala funcionan como una unidad única. Esta unidad se mueve alrededor de un Ocho perezoso distante e imaginario, enfocando los ojos más allá de la mano. Todo el cuerpo se mueve sin que haya movimientos separados del brazo.

Guías de enseñanza

- Muestre al estudiante dónde debe pintar el ocho antes de comenzar. Determine el centro y los lados del 8 en relación con algunos objetos en el sitio (por ejemplo, la línea central del pizarrón).
- El estudiante está frente al centro del Ocho perezoso, de pie, con las rodillas cómodamente flexionadas.
- Revise la soltura de movimiento de cabeza del estudiante antes y después del ejercicio.
- Mientras mantiene ambos ojos abiertos, el estudiante proyecta el ocho sobre un plano lateral distante con el centro del Ocho perezoso en su línea media. No debe realizar movimientos corporales bruscos.
- La cabeza está "pegada" al hombro (colocar una hoja de papel entre la cabeza y el hombro puede ser una forma de ayudar a adquirir esta habilidad).
- El estudiante enfoca con la mano mirando más allá de la mano a la distancia (la mano parecerá como si fuera doble o fuera de foco si ambos ojos están procesando correctamente la información).

Variaciones

- El estudiante puede hacer El elefante mientras está sentado.
- Con el brazo puede señalar dos campos visuales diferentes relajando diferentes áreas de tensión.

Activa el cerebro para:

- Cruzar la línea media auditiva (incluye habilidades de atención, reconocimiento, percepción, discriminación y memoria).
- Escuchar su propia voz al hablar en voz alta.
- Memoria a corto y largo plazo.
- Lenguaje interno y habilidad de pensamiento.
- Integración de la visión, audición y movimiento de todo el cuerpo.
- Percepción de profundidad y habilidad de convergencia ocular.

Habilidades académicas

- Comprensión al escuchar.
- Lenguaje.
- Deletreo (decodificar: escuchar sílabas y palabras separadas; codificar: juntar sílabas para formar palabras o mezclar palabras para formar ideas completas).
- Memoria de secuencias como en matemáticas o en dígitos.

Correlaciones comportamentales/posturales

- Habilidad de voltear la cabeza hacia la derecha y la izquierda.
- Visión binocular.
- Mantener el cuello relajado mientras se enfoca.
- Coordinación de la parte superior e inferior del cuerpo.
- Activación del oído interno para el sentido de equilibrio, especialmente útil para el mareo (activa oído interno y sistema vestibular).

Ejercicios relacionados

- Sombreros de pensamiento, p. 72.
- El búho, p. 35.

Historia del ejercicio

El doctor Dennison, Ph. D., creó El elefante de Edu-K en 1981. Su idea de adaptar el ocho lento para estimular las habilidades de escucha y el lenguaje interno, surgieron de sus conocimientos del desarrollo de las habilidades del pensamiento y de su relación con los movimientos involuntarios de los músculos del cuello, según han sido detectados mediante procedimientos de bio-retroalimentación.

Rotación de cuello

La Rotación de cuello relaja el cuello y libera las tensiones producidas por la inhabilidad para cruzar la línea media visual o para trabajar en el campo medio. Cuando se realizan antes de la lectura y la escritura, refuerzan la visión binocular y la audición biaural. Rote la cabeza hacia delante únicamente. No se recomiendan las rotaciones completas hacia atrás.

Guías de enseñanza

- El estudiante deja rotar la cabeza lentamente de lado a lado como si fuera un balón pesado, mientras respira profundamente.

Hago la **Rotación de cuello**, encogiendo mis hombros, hasta sentir relajarse toda la tensión. Agacha tu cabeza hacia adelante, y ahora gírala suavemente de lado a lado, exhalando al mismo tiempo la tensión.

Levanta tu mentón y continúa los giros. Repítelo con los hombros caídos. ¡Después de esto mi voz suena más fuerte cuando leo y hablo!

- Cuando se mueve la cabeza, la barbilla en su posición extrema no sobrepasa la línea de la clavícula.
- Sea consciente de los puntos tensos o de tensión y mantenga la cabeza en esa posición, respirando profundamente hasta que el cuello se relaje.
- A medida que mueve la cabeza, imagine que se despega del cuerpo en lugar de dejarla caer.
- Haga giros de cuello con ojos cerrados y después con ojos abiertos.

Variaciones

- Comience con los ojos cerrados. Haga varias respiraciones profundas y completas. Imagine que su cabeza es una bella escultura que reposa en perfecto equilibrio sobre un pulido pedestal. Mueva la cabeza en pequeños círculos permitiendo que encuentre su punto ideal de equilibrio.
- Mueva la cabeza hacia una posición de tensión y realice pequeños círculos con la barbilla. Para mayor relajación de las tensiones, haga Ochos perezosos o pequeños giros de cuello de lado a lado. Continúe moviendo en giros de cuello u Ochos perezosos cada vez más amplios.
- Con una mano presione suavemente contra cualquier punto de tensión en la base de la cabeza mientras que se trazan pequeñas Rotaciones de cuello o de Ochos perezosos con la nariz.
- Para mejorar la posición de la boca y el alineamiento de la quijada cuando existan dificultades de dicción o de lengua trabada, coloque los dientes juntos suavemente y extienda la lengua como una manta contra el paladar superior mientras realiza este ejercicio.
- Complete las Rotaciones de cuello imaginando que una cálida caída de agua fluye hacia abajo por su cuello.

Activa el cerebro para:

- Visión binocular y habilidad para leer y escribir en el campo medio.

- Centrarse.
- Conectarse.
- Relajación del sistema nervioso central.

Habilidades académicas

- Lectura oral.
- Lectura silenciosa, habilidades de estudio.
- Dicción y lenguaje.

Correlaciones comportamentales/posturales

- Mejoramiento de la respiración.
- Mejoramiento de la relajación.

Ejercicios relacionados

- El búho, p. 35.
- El energetizador, p. 27.
- Botones de cerebro, p. 58.

Historia del ejercicio

En momentos de cansancio la gente usa automáticamente estas Rotaciones del cuello para vitalizar el cerebro. El doctor Dennison descubrió que los estudiantes que no podían cruzar la línea media mientras leían lo lograban inmediatamente después de una sesión de Rotación de cuello. Este movimiento es una parte natural del aprendizaje kinestésico en el cual el niño, descansando sobre sus antebrazos en una posición erguida gradualmente desarrolla posiciones equilibradas de mandíbula, lengua y cuello.

La mecedora

La mecedora relaja la parte baja de la espalda y el sacro al hacer masaje en los gemelos y en los grupos de músculos de los glúteos, estimulando los nervios de las caderas cansados por permanecer sentado por mucho tiempo (por ejemplo, en pupitres o automó-

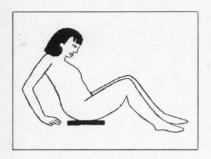

Me encanta hacer **La mecedora** en casa después de clases. Esto relaja mis caderas después de estar sentada tomando notas. Sentada en el suelo me inclino hacia atrás, apoyándome en mis manos y masajeando mis caderas y la parte posterior de las piernas, balanceándome en círculos, hacia atrás y adelante, hasta que se disipa la tensión.

viles). Cuando el sacro está libre para moverse, el cerebro, en el extremo opuesto del sistema nervioso central, también se activará. Así se estimula la circulación del líquido cerebroespinal dentro de la columna vertebral y el sistema puede trabajar más eficientemente.

Guías de enseñanza

- Con el fin de proteger el coxis, el estudiante realiza el ejercicio de la mecedora en una superficie suave.
- Guíe al estudiante para que use las manos y los antebrazos como soporte.
- Estimule al estudiante para que libere la tensión de una cadera primero, después de la otra al balancearse en pequeños círculos.

Variaciones

- En una silla el estudiante se apoya en los brazos de la silla para sostenerse mientras levanta los pies y se mece.
- Los estudiantes pueden trabajar en parejas: una persona se sienta al frente de la otra y pone los brazos alrededor de las rodillas y por detrás para respaldarlo mientras mueve el cuerpo en pequeños círculos para masajear el área de las caderas.

Activa el cerebro para:

- Centrarse y para trabajar en el campo medio.
- Habilidades de estudio.

- Habilidades visuales de izquierda a derecha.
- Habilidades de atención y comprensión.

Habilidades académicas

- Operación de máquinas: computadoras, automóviles.

Correlaciones comportamentales/posturales

- Mejora el enfoque y las posiciones corporales adecuadas.
- Habilidad para sentarse acomodado en una silla.
- Una pelvis estable (relaja la espalda, relaja el movimiento contralateral en las caderas).
- Postura menos sobre-enfocada.
- Rodillas no bloqueadas; caderas, hombros, ojos más nivelados.
- Respiración más profunda y más resonancia en la voz.
- Coordinación mejor del cuerpo total.
- Nivel de energía aumentado (alivia la fatiga mental).

Ejercicios relacionados

- Gateo cruzado, p. 3.
- Respiración de vientre, p. 22.
- El energetizador, p. 27.
- Balanceo de gravedad, p. 46.

Historia del ejercicio

Alrededor de los ocho meses de edad cuando se está desarrollando la posición de sentarse, el niño establece la rotación corporal hacia la línea media y la coordinación entre el occipital y el sacro. Esta importante relación del sacro con la base del cerebro ha sido notada e investigada por osteópatas y doctores quiroprácticos (especialmente aquellos que se especializan en la técnica sacro-occipital, conocida como SOT). El doctor Dennison descubrió que los estudiantes que eran incapaces de enfocar y comprender el material que estaban leyendo generalmente eran capaces de lograrlo después de hacer La mecedora.

Respiración de vientre

La Respiración de vientre recuerda al estudiante de respirar en vez de contener el aliento durante actividad mental enfocada o el ejercicio físico. La respiración deberá expandir la caja torácica anterior/posterior, izquierda/derecha y arriba/abajo, incluyendo el abdomen. Cuando la respiración es superficial, levantando sólo la caja torácica, el abastecimiento de oxígeno al cerebro es limitado. Cuando uno respira correctamente hay abundante oxígeno para las funciones cerebrales superiores.

Guías de enseñanza

- El estudiante inhala a través de la nariz e inicialmente limpia los pulmones con una exhalación larga, liberada en cortas exhalaciones a través de labios fruncidos (puede imaginarse que debe mantener una pluma flotando). Después, la exhalación es también a través de la nariz.
- La mano descansa sobre la parte baja del abdomen levantándose en la inhalación y bajando en la exhalación.
- Inhale a la cuenta de tres, mantenga la respiración por tres y exhale por tres. Repita. Para un ritmo alternado inhale por dos, exhale en cuatro sin retener el aire.

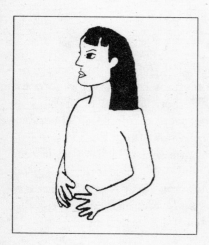

Papá hace la **Respiración de vientre** antes de cenar para relajarse y tener una mejor digestión. Yo lo hago en cuanto me siento un poco tensa o nerviosa. ¡Y ahora sé cómo tranquilizarme rápidamente! Descansa tu mano en tu abdomen. Expira todo el aire con soplidos cortos y pequeños (como si quisieras mantener una pluma en el aire). Inspira lenta y profundamente, llenándote suavemente como un globo. Tu mano subirá lentamente durante la inspiración y bajará cuando expires. Si arqueas la espalda después de inspirar, el aire hará bajar el diafragma aún más.

- Idealmente, la respiración rítmica es automática. La música rítmica puede ayudar de tal manera que no es necesario el conteo.
- Cuando se realizan actividades como levantar pesas, patear, o empujar, recuerde exhalar durante el esfuerzo.

Variaciones

- Acuéstese con un libro sobre el estómago. El abdomen debe levantarse en la inhalación y bajar en la exhalación.
- 3-D ochos de respiración: colocarse en cuclillas con las manos sobre el piso, entre sus rodillas, para sentir el diafragma a medida que usted respira. Después pinte un ocho imaginario entre sus costillas izquierdas y derechas, sintiendo expandirse ambas esferas del ocho a medida que usted inhala y se contraen a medida que exhala. Ahora gire el ocho de manera que se expanda entre su estómago y la columna vertebral; ahora dé vuelta al ocho, expandiendo su pecho y la parte baja del abdomen. ¿Puede activar los tres ochos al mismo tiempo?
- Pinte un ocho sobre cualquiera de los planos corporales mencionados. Deje que el aire que respira lo mueva a medida que usted inhala, pintando un lado, y exhala, pintando el otro. Dirija los ochos alrededor de áreas de tensión o alrededor de los puntos focales de cualquier ejercicio de Gimnasia para el cerebro (por ejemplo, sus dos manos mientras practica botones cerebrales).
- Camine y haga Respiración abdominal al mismo tiempo.

Activa el cerebro para:

- La habilidad para cruzar la línea media.
- Centrarse y conectarse.
- Relajación del sistema nervioso central.
- Ritmos craneales.

Habilidades académicas

- Lectura (codificación y descodificación).
- Habla y lectura oral.

Correlaciones comportamentales/posturales

- Inflexión y expresión mejoradas.
- Nivel de energía aumentado.
- Respiración diafragmática.
- Mejora el nivel de atención.

Ejercicios relacionados

- La mecedora, p. 19.
- Bostezo energético, p. 69.
- Ver también Actividades de estiramiento, pp. 33-51.

Historia del ejercicio

La respiración es idealmente una habilidad automática y se ajusta para cumplir con sus tareas. Algunas personas han aprendido incorrectamente a contener su respiración como parte del reflejo de protección del tendón (ver Actividades de estiramiento, p. 33). Generalmente, los estudiantes que han aprendido a respirar adecuadamente para cantar o para tocar algún instrumento, muestran ventaja en sus habilidades de lectura. Para algunos, sin embargo, los intentos conscientes de controlar la respiración sólo logran producir mayores tensiones alrededor de la respiración. El doctor Dennison ha enseñado respiración abdominal a sus estudiantes de lectura después de que el reflejo de protección del tendón se ha liberado, logrando excelentes resultados. la respiración bloqueada y trabajosa se hace más natural y espontánea, hay más oxígeno y por tanto, energía disponible para pensar, hablar y moverse.

Gateo cruzado en el suelo

El Gateo cruzado en el suelo fortalece los músculos abdominales, relaja la parte baja de la espalda y activa la integración de los hemisferios cerebrales derecho e izquierdo. Desarrolla un sentido de organización alrededor de la línea media y la coordinación de los músculos centrales y posturales.

El **Gateo cruzado en el suelo** es mi ejercicio favorito de calentamiento para deportes y juegos. Pretendo que voy pedaleando en una bicicleta mientras toco con un codo la rodilla opuesta.

¡Mi mente y mi cuerpo se sienten tan despejados!

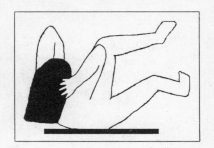

Guías de enseñanza

- El estudiante hace Gateo cruzado en el suelo sobre una superficie suave para proteger la región del coxis.
- Este ejercicio se realiza acostado con las rodillas y la cabeza levantadas y las manos entrelazadas debajo de la cabeza para sostenerla.
- El estudiante toca un codo con la rodilla opuesta; después alterna sus movimientos como montando en bicicleta; el cuello debe permanecer relajado y la respiración debe ser rítmica.
- Se imagina una X que conecta caderas y hombros y estará más consciente de los músculos abdominales.

Variaciones

- El estudiante está acostado, con los brazos detrás de la cabeza y las piernas extendidas. Levanta una rodilla y la toca con la mano opuesta como en una marcha cruzada de pie. Esto fortalece los músculos abdominales de los estudiantes que se sienten incómodos al levantar la cabeza.

Activa el cerebro para:

- Integración izquierda-derecha.
- Centrarse y conectarse.
- Conciencia de los músculos centrales y posturales.

Habilidades académicas

- Lectura (codificación y descodificación).
- Habilidades para escuchar.
- Cómputo matemático.
- Mecánica de deletreo y escritura.

Correlaciones comportamentales/posturales

- Fortalecimiento de los músculos abdominales.
- Columna vertebral lumbar fuerte y relajada (región inferior).
- El diafragma se mueve independientemente de los músculos del estómago.

Ejercicios relacionados

- Gateo cruzado, p. 3.
- Ocho perezoso, p. 5.
- Botones de cerebro, p. 58.
- Sombreros de pensamiento, p. 72.

Historia del ejercicio

Los abdominales tradicionales pueden crear tensión o desequilibrio en los músculos de la espalda o de las piernas. La gente tiende a contener la respiración y a hacer los ejercicios de forma incorrecta o los evitan por completo. El Gateo cruzado en el suelo es una manera de fortalecer los músculos abdominales para su óptimo funcionamiento. El doctor Dennison descubrió que cuando se les enseñó este ejercicio, los estudiantes tuvieron mejor capacidad de coordinar ambos lados del cuerpo y del cerebro y la respiración fue más fácil y más automática. Este movimiento refuerza el tono de los músculos del centro del cuerpo y del control separado de la cabeza establecido idealmente durante el primer año de vida.

El energetizador

El estudiante se sienta cómodamente en una silla con la cabeza sobre el pupitre o la mesa. Pone sus manos sobre la mesa enfrente de sus hombros con los dedos ligeramente hacia adentro. A medida que inhala, siente su respiración fluyendo hacia arriba por la línea media como una fuente de energía, levantando primero la frente, después el cuello, y finalmente, la parte superior de la espalda. El diafragma y el pecho permanecen abiertos y los hombros relajados. El momento de aflojar es tan importante como al momento de levantarse, debe dejar caer la cabeza hacia el pecho, después baja la frente hasta tocar la mesa. Este movimiento hacia atrás y hacia adelante de la cabeza, aumenta la circulación del lóbulo frontal para una mayor comprensión y para el pensamiento racional.

Guías de enseñanza

- Mantenga los hombros separados y relajados.
- Recuerde que debe respirar hasta la base de la columna vertebral.

Mamá hace **El energetizador** para relajarse después de un día duro.
   Dice que esto la refresca para las actividades de la tarde. A veces lo hacemos juntas. Exhala toda tu tensión. Luego inhala tranquilamente, llenando tus pulmones con aire hasta la cintura. Tu cabeza se alzará fácilmente, seguida por tu torso. Tu cuerpo inferior permanece relajado. Sugerimos hacerlo sentado frente a una cubierta o alto donde puedas apoyar las manos. Inhala lentamente levantando la cabeza y tórax y, luego exhala arqueando la columna, doblando los codos y pasando la cabeza y tórax entre las manos.

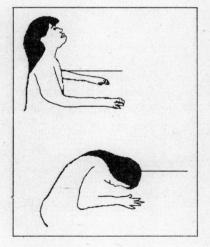

- Sienta la respiración (más que los músculos) como la fuente de la fuerza.
- Repita el ejercicio tres veces notando cuán fácil se hace cada repetición.

Variaciones

- El energetizador se puede realizar boca abajo sobre una colchoneta. Debe relajar el cuerpo, poner las manos debajo de los hombros con las palmas contra la colchoneta. Entonces debe levantar la cabeza, después la parte alta de la espalda como antes. Las caderas y la parte baja de la espalda deben permanecer relajadas tocando la colchoneta.

Activa el cerebro para:

- La habilidad de cruzar la línea media.
- Un sistema nervioso central relajado.

Habilidades académicas

- Visión binocular y habilidades de coordinación ocular.
- Comprensión al escuchar.
- Habilidades de dicción y lenguaje.
- Control de motricidad fina de los músculos de ojo y mano.

Correlaciones comportamentales/posturales

- Mejoramiento de la postura.
- Fortalece la concentración y la atención.
- Mejoramiento de la respiración y de la resonancia de la voz.

Ejercicios relacionados

- El búho, p. 35.
- Botones de cerebro, p. 58.
- Respiración de vientre, p. 22.

Historia del ejercicio

Se usan las variaciones de El energetizador en muchas disciplinas de ejercicios para mantener la columna vertebral ágil, flexible y relajada. Al aumentar el rango de movimiento de la columna vertebral también mejoran los canales de comunicación entre el sistema nervioso central y el cerebro. Durante el desarrollo alrededor de los tres meses, el bebé comienza a levantar la cabeza sobre el punto medio del campo visual. Este movimiento, llamado REFLEJO TÓNICO SIMÉTRICO DE CUELLO en la literatura del desarrollo infantil, ayuda a estimular el tono muscular de los antebrazos, establece el control de la cabeza y activa la percepción profunda, coordinando éstos para las posteriores habilidades de motricidad fina. En 1974, el doctor Dennison comenzó a usar variaciones de El energetizador en sus centros de aprendizaje para aliviar la tensión postural en los que trabajan con el computador o en la oficina, o en los televidentes, cosas que generan una excesiva convergencia y enfoque hacia delante sin que tenga oportunidad de usar los músculos opuestos.

Mira una X

La X es el patrón de organización cerebral para cruzar la línea media lateral (ver Edu-K para chicos de Dennison y Dennison). Idealmente, a través de la vivencia en la infancia de una serie de etapas de desarrollo que comprenden movimientos unilaterales y bilaterales, el hemisferio cerebral izquierdo mueve el lado derecho del cuerpo y el hemisferio cerebral derecho mueve el lado izquierdo del cuerpo. El cerebro completo aprende a través de movimientos a trabajar cooperativamente haciendo que ambos lados estén disponibles para procesos tanto receptivos como expresivos. La X es también un "recordatorio" del Ocho perezoso que activa ambos hemisferios cerebrales tanto para movimientos corporales como para la relajación y activación de ambos ojos para la visión binocular.

Nuestro equipo de voleibol es realmente ¡eXcelente! Mis amigos y yo hacemos actividades de la Gimnasia para el cerebro antes de empezar nuestro juego. Así todos podemos movernos y pensar más fácilmente, ¡y el otro equipo no aparece tan peligroso! Durante el juego voy pensando en una **X** para alcanzar mi mejor rendimiento en todo momento.

Guías de enseñanza

- Los estudiantes pueden recordarse a sí mismos que pueden responder a situaciones en la manera óptima que implica un uso total del cerebro al "Mirar una X".
- Se pueden pegar unas equis en tarjetas para que los estudiantes las miren donde sea oportuno. Cuanto mayor sea la frecuencia con que los alumnos practiquen la marcha cruzada y otros ejercicios de Gimnasia para el cerebro, más efectivo y automático será el símbolo X para ellos.

Variaciones

- Visualice la X que se extiende desde los hombros hacia las caderas opuestas especialmente durante las actividades potencialmente unilaterales como montar en bicicleta, levantamiento de pesas o transportar objetos sobre una sola parte del cuerpo.
- Para activar la visión centralizada, percepción profunda y perspectiva, visualice una gran X que yace extendida. El centro de la X cubre el punto central de su enfoque. Visualice el centro de la X volviéndose más destacado a medida que las "patas" de la X se vuelven borrosas.

Activa el cerebro para:

- Visión binocular.
- Escucha.
- Coordinación de todo el cuerpo.
- Visión centralizada.

Habilidades académicas

- Escritura.
- Organización para matemáticas o deletreo.

Correlaciones comportamentales/posturales

- Refuerza la concentración y la atención.
- Coordinación mejorada para el movimiento o para el desempeño en deportes.
- Mejora la capacidad de planificar y de establecer prioridades.

Ejercicios relacionados

- Gateo cruzado, p. 3.
- Ocho perezoso, p. 5.
- Ocho alfabético, p. 11.
- Botones de cerebro, p. 58.

Historia del ejercicio

El doctor Dennison comenzó a usar la X en sus centros de aprendizaje como ayuda para explicar a los estudiantes la diferencia entre los ejercicios bilaterales, el Gateo cruzado y los movimientos de un solo lado. A través del tiempo, se dio cuenta que Mirar una X era un útil recordatorio para usar ambos campos visuales y para coordinar los movimientos corporales derechos e izquierdos, especialmente durante la integración de estas habilidades cuando no se completaban en el período de desarrollo normal.

Actividades de estiramiento

Las Actividades de estiramiento de la Gimnasia para el cerebro ayudan a los estudiantes a desarrollar y reforzar aquellos canales neurológicos que les permiten hacer conexiones entre lo que ya saben en la parte posterior del cerebro y la habilidad para expresar y procesar esa información en la parte anterior del cerebro. Estas actividades son especialmente efectivas cuando se usan para liberar reflejos relacionados con dificultades específicas del lenguaje. Los estudiantes necesitan aproximarse a las habilidades de comunicación en lectura, escritura, escucha y dicción con sentido de aventura, curiosidad e iniciativa. Sin embargo, alguna gente joven percibe estas actividades como amenazas inmediatas contra su supervivencia. Este mecanismo de supervivencia localizado en el tallo cerebral se desarrollo bien durante los cinco primeros meses de vida para adquirir información sensorial del entorno. Cuando se encuentra en nuevas situaciones donde hay mucha información, el organismo responderá retirándose o alejándose hasta que se sienta cómodo para seguir. Un reflejo fisiológico ante el peligro es el de contraer los músculos. Este reflejo ha servido a través de los siglos para proteger al hombre de amenazas verdaderas durante su vida. Afecta la postura al tensionar los tendones en la parte posterior del cuerpo desde la cabeza hasta los talones, afectando por tanto, el equilibrio vestibular y el sentido de relaciones espaciales.

Esta respuesta de contracción, conocida como "reflejo de tendón-de protección" por médicos quiroprácticos que practican la TÉCNICA QUIROPRÁCTICA SACRO-OCCIPITAL (SOT), puede convertirse en hábito, y después es difícil o imposible superarlo sin entrenamiento. Lo que se percibe como un peligro, activando por tanto dicho reflejo, depende de las respuestas aprendidas desde la infancia y varía según el individuo. Generalmente, la tendencia a la contracción disminuye a medida que experimentan un sentimiento de "disposición para la participación". La porción anterior del cerebro, especialmente el lóbulo frontal, está involucrada en la comprensión, el control motriz y los comportamientos racionales necesarios para la participación en situaciones sociales. Se ha descubierto que las actividades de estiramiento relajan aquellos músculos y tendones que se tensionan y se acortan por el reflejo del tallo cerebral cuando nos encontramos en situaciones de aprendizaje que no nos son familiares. Esto activa los propioceptores, "las células cerebrales en los músculos" que nos dan información sobre dónde estamos en el espacio, permitiéndonos tener mejor acceso al sistema cerebral-corporal total.

Las Actividades de estiramiento pueden asemejarse a aquellos ejercicios de elongación y de flexibilidad que realizan los atletas y bailarines en su calentamiento. A pesar de que estas actividades pueden ser usadas para tonificar los músculos antes o después de hacer ejercicio físico, también persiguen un objetivo diferente. Cada uno reeduca el cuerpo para hacer cambios

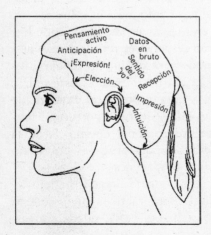

Las **Actividades de estiramiento** de la Gimnasia para el cerebro me ayudan a asumir una postura de avance que me lleva donde quiero ir. Cuando siento que estoy reteniendo algo o no puedo expresar lo que sé, yo hago mis **Actividades de estiramiento**.

Luego me siento más animada y puedo gozar participando otra vez.

duraderos en la postura, restaurando los músculos a su longitud
natural. El lenguaje que se usa para facilitar estos ejercicios, debe
describir "alcanzar, alargar, expandir" o "abrir" más que "estirar"
o "tratar" lo cual sugiera hacer esfuerzos más allá de la capacidad
natural.

Las ejercicios de estiramiento también ayudan a desarrollar
la disposición a participar, ya que liberan o ayudan a completar
los reflejos infantiles que enfatizan lateralidad, crucial para la
diferenciación corporal y el desarrollo del lenguaje. Estos reflejos
continúan exigiendo prioridad en las sendas neurales cuando los
individuos no los han madurado adecuadamente. Las actividades
de estiramiento apuntan a varias respuestas del desarrollo,
incluyendo las respuestas de laberinto (desde el nacimiento hasta cuatro o cinco meses), necesarias para el desarrollo del mecanismo del oído interno y su relación con la gravedad; los reflejos
tónicos del cuello (del nacimiento hasta los tres meses), críticos
para el desarrollo de la lateralidad así como para la flexión y
erección contra la gravedad; y los movimientos diferenciados
(desde el nacimiento durante la infancia), un proceso gradual de
aprendizaje para distinguir entre los músculos, tendones y articulaciones corporales, que resulta primero en el control de la
motricidad gruesa y eventualmente en el control de motricidad
fina.

El búho

El ave por la cual se ha dado el nombre a este ejercicio tiene una
cabeza grande, ojos grandes y plumas suaves que le permiten
volar silenciosamente. El búho voltea cabeza y ojos al mismo
tiempo, lo cual le da un amplio campo de visión ya que puede
girar su cabeza más de 180º. También tiene audición tipo radar.
El movimiento del búho persigue las mismas habilidades visuales, auditivas y de movimiento de cabeza. Libera la tensión de
cuello y hombros que se acumulan con el estrés, especialmente
cuando se sostiene un libro pesado o cuando se coordinan los
ojos durante la lectura y otras habilidades de campo cercano.

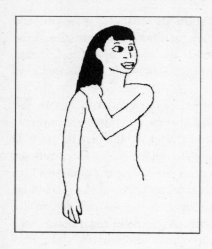

El búho relaja esas pequeñas tensiones que aparecen cuando te sientas a leer por mucho rato. Josué descansa por un momento para hacer **El búho**, y así estar mas fresco para la próxima lección. Toma el músculo del hombro y apriétalo firmemente. Voltea la cabeza mirando sobre tu hombro. Inspira profundamente y tira los hombros hacia atrás. Ahora mira sobre el otro hombro abriendo los hombros de nuevo. Baja el mentón sobre el pecho y respira profundamente, relajando tus músculos completamente. Repítelo, ahora apretando con tu mano el hombro opuesto.

Además, El búho libera la tensión en el cuello causada por la subvocalización durante la lectura. Estira los músculos del cuello y de los hombros restaurando la amplitud de movimiento y circulación sanguínea hacia el cerebro para un mejoramiento en las habilidades de enfoque, atención y memoria.

Guías de enseñanza

- El estudiante aprieta un hombro para liberar los músculos del cuello que se tensan en respuesta a actividades de escuchar, hablar o pensar.
- Mueve la cabeza suavemente a través del campo medio hacia la izquierda y después hacia la derecha, manteniendo la barbilla nivelada.
- Exhala durante cada una de las posiciones extendidas de la cabeza hacia la izquierda y después hacia la derecha y después con la cabeza inclinada hacia delante para liberar la tensión de los músculos de la parte posterior de los músculos. El búho se repite luego con el otro hombro.
- Con cada liberación de aire, la cabeza puede moverse cada vez más allá dentro de los campos auditivos derecho e izquierdo.

Variaciones

- Mientras se realiza El búho, parpadee ligeramente permitiendo que los ojos se desplacen a lo largo del horizonte.
- Añada uno o dos ciclos completos de respiración en cada una de las tres posiciones extendidas de cabeza, relajándolas totalmente.
- Enfatice el escuchar con el oído izquierdo (voltear la cabeza hacia la izquierda), luego a la derecha y después ambos al mismo tiempo (con la barbilla hacia abajo).
- Haga un sonido (por ejemplo, el "o-o-o-j-u-u" del búho) cuando exhala.

Activa el cerebro para:

- Cruzar la línea media auditiva (atención auditiva, percepción y memoria).
- Escuchar el sonido de nuestra propia voz.
- Memoria a corto y largo plazo.
- Discurso silencioso y habilidad de pensar.
- Movimiento ocular sacádico eficiente.
- Integración visual y auditiva con movimiento total del cuerpo.

Habilidades académicas

- Comprensión al escuchar.
- Expresión oral.
- Cálculo matemático.
- Memoria (para deletreo o de dígitos).
- Trabajo con computadores u otra clase de teclados.

Correlaciones comportamentales/posturales

- Habilidad para girar la cabeza hacia la derecha y la izquierda.
- Fortalecimiento y equilibrio de los músculos anteriores y posteriores del cuello.
- Alivio de hábitos de "entrecerrar los ojos" o de enfocar.

- Relajación de cuello, mandíbula y hombros aun cuando se realicen enfoques.
- Centrar la cabeza (ayuda a liberar la necesidad de inclinar la cabeza o apoyarla sobre los codos).
- Equilibrio de los músculos de la parte posterior y anterior del cuello (alivia postura sobreenfocada).

Ejercicios relacionados

- El elefante, 14.
- Sombreros de pensamiento, p. 72.
- Ver también: Activación de brazo, p. 38.

Historia del ejercicio

El búho que es una autorelajación de los músculos del trapecio superior, fue creado por el doctor Dennison con el fin de aliviar la tensión cuando se ejecutan habilidades de campo cercano tales como leer, escribir, cálculo matemático y tareas de computador. En los primeros seis meses de vida al girar el niño la cabeza, activa el reflejo tónico del cuello para desarrollar tanto la lateralidad como el lenguaje. Como El elefante, este ejercicio reeduca la propiocepción de los músculos de cuello y hombros relacionados con las habilidades auditivas. Cuando la propiocepción se restablece, se estimulan las habilidades para escuchar, pensar y acceder a la memoria.

Activación de brazo

La Activación de brazo es una actividad de autoayuda isométrica que estira los músculos de la parte superior de pecho y hombros. El control muscular tanto para la motricidad fina como para la gruesa se origina en esta área. Si estos músculos se encogen debido a la tensión, se inhiben las actividades relacionadas con la escritura y el control de herramientas.

La **Activación de brazo** mejora la letra, ayuda a deletrear, ¡y a escribir creativamente también! Mantén un brazo cerca de la oreja. Expira suavemente con tus labios fruncidos, mientras activas los músculos de ese brazo empujádolo contra la mano opuesta en las cuatro direcciones (adelante, atrás, adentro y afuera). Laura dice que sus hombros se sienten relajados y ella está lista para trabajar.

Guías de enseñanza

- El estudiante siente sus brazos colgando a los lados del cuerpo.
- Mueve un brazo como muestra la ilustración mientras que mantiene relajada la cabeza. Después compara los dos brazos en longitud, relajación y flexibilidad antes de mover el otro brazo.
- El movimiento de activación se realiza en cuatro posiciones: lejos de la cabeza, hacia delante, hacia atrás, y hacia la oreja.
- Sentirá el movimiento del brazo a lo largo de la caja torácica.
- Exhala durante el movimiento soltando el aire mientras cuenta hasta ocho o más.
- Podrá notar que se han incrementado: relajación, coordinación y vitalidad cuando se libera la tensión del brazo.
- Cuando se completa el movimiento, el estudiante rota o sacude los hombros notando la relajación.

Variaciones

- Debe hacerse más de una respiración completa en cada posición de activación.

- Mientras se realiza la activación, estírese hacia arriba para mayor apertura del diafragma.
- Se puede realizar sentado, de pie o acostado.
- La Activación de brazo se puede hacer en diferentes posiciones del brazo (por ejemplo, los brazos estirados hacia delante, cerca de la cadera, detrás de la cintura).

Activa el cerebro para:

- Discurso expresivo y habilidades del lenguaje.
- Uso relajado del diafragma y respiración aumentada.
- Coordinación mano-ojo y manipulación de herramientas.

Habilidades académicas

- Caligrafía y escritura cursiva.
- Ortografía y deletreo.
- Escritura creativa.

Habilidades relacionadas

- Operación de máquinas (por ejemplo, procesador de palabras).

Correlaciones comportamentales/posturales

- Aumento en el período de atención para trabajo escrito.
- Mejor enfoque y concentración sin sobreenfoque.
- Respiración mejorada y actitud relajada.
- Habilidad reforzada para expresar ideas.
- Aumento de energía en manos y dedos (relaja los calambres al escribir).

Ejercicios relacionados

- El búho, p. 35.
- Botones de Tierra, p. 61.
- Botones de equilibrio, p. 64.
- La mecedora, p. 19.
- Ocho alfabético, p. 11.

Historia del ejercicio

El sentido de relación entre las partes móviles del cuerpo y el contexto estacionario del cuerpo (figura-fondo kinestésica) es crítico para la estabilidad corporal especialmente cuando se desarrollan movimientos definidos para habilidades de coordinación ojo-mano. El niño gradualmente comienza a diferenciar los brazos del cuerpo a medida que libera a éstos de su papel primario para el equilibrio. El doctor Dennison observó que cuando se liberaban las tensiones de motricidad gruesa en los hombros y pecho, las habilidades de motricidad fina se reforzaban, facilitando todas las habilidades de motricidad fina.

Flexión de pie

La Flexión de pie, así como el Bombeo de pantorrilla, es un proceso de reeducación del movimiento para restaurar la longitud natural de los tendones en los pies y de la parte inferior de la pierna. Los tendones se acortan para proteger al individuo del peligro percibido, una respuesta causada por un reflejo cerebral para retraerse o para protegerse (reflejo de tendón de protección). Al mantener los tendones del talón en la posición estirada mientras simultáneamente se activa el pie, se libera el reflejo de protección.

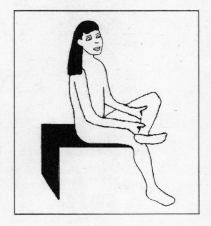

A veces Laura no puede recordar las palabras aunque sabe las respuestas. Cuando le sucede esto, ella hace la **Flexión de pie**. (Esto ayuda a "conectar" rápidamente la zona del lenguaje en el cerebro). Pon tus dedos en los puntos delicados del tobillo, la pantorrilla y por detrás de la rodilla, uno a la vez, mientras vas apuntando y doblando lentamente el pie.

Guías de enseñanza

- Sentado con un tobillo descansando sobre la otra rodilla, el estudiante pone sus yemas de los dedos en el principio y el final del área del músculo del talón. Puede visualizar que los tendones y músculos que corren desde la parte posterior de la rodilla hasta el tobillo son como bandas de arcilla. Masajea los puntos tensos en el principio y final de estas bandas y suavemente los separa hasta que se "suavizan y derriten".
- Mientras sostiene estos puntos, lenta y metódicamente apunta y flexiona el pie, extendiéndolo más arriba y más abajo a medida que es más fácil hacerlo. Se repite el movimiento con el otro pie y talón.

Variaciones

- Encuentre otros puntos tensos o flojos a lo largo de los músculos del talón y sosténgalos mientras que pone de punta y flexiona el pie.
- Sostiene los puntos a lo largo de la rodilla y el tobillo mientras que pone de punta del pie y lo flexiona, relajando los músculos de la tibia y el peroné a lo largo de la espinilla.
- Estira la pierna hacia delante mientras que la sostiene bajo la rodilla y sobre el tobillo y flexiona el pie.

Activa el cerebro para:

- Integración anterior-posterior del cerebro.
- Expresión oral y habilidades del lenguaje.

Habilidades académicas

- Comprensión al escuchar y leer.
- Habilidad de escritura creativa.
- Habilidad para desarrollar y completar las tareas.

Correlaciones comportamentales/posturales

- Postura adecuada y relajada.
- Las rodillas desbloqueadas.
- Mejoramiento del comportamiento social.
- Mejoramiento del período de atención.
- Habilidad aumentada para comunicarse y responder.

Ejercicios relacionados

- Bombeo de pantorrilla, p. 43.
- La mecedora, p. 19.
- Botones de Tierra, p. 61.
- Bostezo energético, p. 69.
- Movimientos de energía, p. 53.
- Ocho alfabético, p. 11.

Historia del ejercicio

Mientras trabajaba con niños con retraso del lenguaje, el doctor Dennison descubrió la relación entre los tendones de la pantorrilla y la autoexpresión, el habla y el desarrollo del lenguaje. Los niños hiperactivos que no hablaban pudieron poner atención, escuchar, aprender y desarrollar el lenguaje después de liberar los músculos de la pantorrilla.

Bombeo de pantorrilla

El Bombeo de pantorrilla como la Flexión de pie es un proceso de reeducación del movimiento para restaurar la longitud natural de los tendones en el pie y de la parte inferior de las piernas. En momentos en que se percibe peligro, estos tendones se acortan para prepararse para la huida (ver figura). Al presionar hacia abajo el talón y estirando el tendón de la pantorrilla, se descarga este reflejo de protección y los músculos pueden retornar a su tono normal.

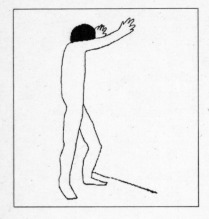

El **Bombeo de pantorrilla** te ayuda para estar más motivado y listo para moverte. Nosotros lo hacemos cuando nos sentimos "atorados". Coloca un pie detrás del otro. Mientras te inclinas hacia adelante exhalando y con la rodilla delantera doblada, baja el talón del pie que está por detrás suavemente hasta el suelo. Luego relájate, levanta el talón y respira profundamente. Repítelo tres veces con cada lado. Cuanto más dobles la rodilla delantera, tanto más estiramiento sentirás en la pantorrilla.

Guías de enseñanza

- El estudiante está de pie y apoya las manos contra la pared o en el respaldar de una silla para sostenerse. Extiende una pierna detrás y se inclina hacia delante flexionando la rodilla de la pierna que está más adelante. La pierna que está estirada y la espalda están en un mismo plano.
- En la posición inicial el talón en la parte posterior está levantado y el peso descansa sobre la pierna delantera. En la posición siguiente, el peso se desplaza a la pierna trasera cuando se presiona el talón en el suelo.
- Exhale cuando esté presionando el talón hacia abajo, liberándolo con la inhalación. Repítalo tres veces más.

Variaciones

- Estire más los tendones bajando el talón sobre el borde de un escalón o un bloque.
- Estire el músculo de la parte superior de la pierna (gemelo) estirando la pierna delantera y desplazando el peso hacia la pierna trasera.

Activa el cerebro para:

- Integración de las partes superior y anterior del cerebro.
- Discurso expresivo y habilidad de lenguaje.

Habilidades académicas

- Comprensión al escuchar.
- Comprensión de lectura.
- Habilidades de escritura creativa.
- Habilidad para llevar a término los procesos.

Correlaciones comportamentales/posturales

- Comportamiento social mejorado.
- Prolongación del período de atención.
- Incrementa la habilidad para comunicarse y responder.

Ejercicios relacionados

- Flexión de pie, p. 41.
- La mecedora, p. 19.
- Botones de Tierra, p. 61.
- Bostezo energético, p. 69.
- Movimientos de energía, p. 53.
- Ocho alfabético, p. 11.

Historia del ejercicio

El doctor Dennison descubrió el Bombeo de pantorrilla mientras trabajaba con adolescentes y adultos que no podían expresarse verbalmente o escribir respuestas coherentes sobre material que les era familiar. Observó que estos individuos ponían rígidas sus rodillas, activando el Reflejo de Tendón de protección y tensionaban los músculos de la pantorrilla. Modificó una relajación para los músculos gemelos que había aprendido como corredor de maratones de tal manera que hiciera énfasis en los músculos de la pantorrilla. El Bombeo de pantorrilla fue desarrollado para ayudar a los estudiantes a tomar conciencia del área de la pantorrilla donde se origina el instinto de contraerse. Los estudiantes se convierten en participantes más activos y son capaces de acceder a las habilidades lingüísticas tan pronto como se libera el reflejo cerebral de retener.

Balanceo de gravedad

El Balanceo de gravedad es una actividad de reeducación del movimiento para restaurar la integridad de los músculos gemelos, caderas y pelvis. El movimiento utiliza equilibrio y gravedad para relajar la tensión en la cadera y pelvis, permitiendo que el estudiante descubra posiciones cómodas de estar de pie y sentado. Mientras está sentado cómodamente en una silla, cruza un pie sobre otro en los tobillos y se inclina hacia delante.

Guías de enseñanza

- El estudiante se inclina hacia delante dejando que lo lleve la gravedad. Debe sentir la parte superior de su cuerpo como fluida y como separada de la base segura de sus piernas y caderas. Al inclinarse hacia delante desde la

Mi papá dice que le gusta hacer el **Balanceo de gravedad** después de estar sentado todo el día o manejando en su coche. Yo lo hago antes del futbol y otros deportes. Sentado (o de pie, ¡pero cuidado con la columna vertebral!) cruza tus tobillos. Mantén tus rodillas sueltas. Cuando te sientas firme, dóblate hacia adelante, estirando tus brazos como queriendo alcanzar algo frente a ti, exhalando al mismo tiempo, y luego levanta los brazos juntos hacia un lado mientras vas inhalando. Repítelo tres veces y luego cambia el cruce de las piernas.

Mi cuerpo se siente mucho más liviano después de hacer este ejercicio.

caja torácica permite que las piernas y los músculos de la espalda se estiren y se relajen.

- Se inclina hacia delante con la cabeza mirando hacia abajo y permite que sus brazos se deslicen, extendiéndolos hacia todos los lados hasta donde alcance. La exhalación corresponde con el momento en que se inclina hacia abajo y hacia delante. La inhalación se efectúa cuando permite que sus brazos y parte superior del cuerpo se levante paralelamente al suelo.
- Se repite tres veces y después se cambia de pierna.

Variaciones

- Cuando esté listo, haga el Balanceo de gravedad con los ojos cerrados.
- Realice el Balanceo de gravedad mientras esté de pie. Cruce las piernas en los tobillos y establezca un cómodo equilibrio. Doblándose desde las caderas con la cabeza relajada hacia abajo exhale a medida que se estira más hacia fuera y hacia abajo con los brazos, manteniendo las rodillas flojas y la parte baja de la espalda "plana".

Activa el cerebro para:

- Una sensación de equilibrio y coordinación.
- Sensación de conectarse y de centrarse.
- Aumento de la atención visual (integración del cerebro anterior y posterior).
- Respiración más profunda y energía aumentada.

Habilidades académicas

- Comprensión de lectura.
- Aritmética mental.
- Pensamiento abstracto en áreas de contenido.

Correlaciones comportamentales/posturales

- Seguridad en sí mismo, confianza y estabilidad.
- Autoexpresión.

- Las partes superior e inferior del cuerpo se mueven como un todo unificado.
- Postura relajada durante períodos extensos de permanecer sentado.

Ejercicios relacionados

- Bombeo de pantorrilla, p. 43.
- Flexión de pie, p. 41.
- Movimientos de energía, p. 53.
- El elefante, p. 14.

Historia del ejercicio

El doctor Dennison aprendió una versión de este ejercicio para hacerlo estando de pie de su instructor de bailes modernos. Después de la actividad, inmediatamente se podía mover más libremente y disfrutaba de un nuevo sentido del equilibrio y libertad en relación con la gravedad. Los estudiantes a quienes les enseñó el Balanceo de gravedad comentaron sobre el aumento del sentido de organización dentro de sus cuerpos y lograron mejoramiento académico en habilidades de organización.

Toma a Tierra

Es una actividad de estiramiento que relaja el grupo muscular del ileopsoas. Estos músculos se tensionan en respuesta a permanecer demasiado tiempo sentado o a la tensión en el área pélvica y tiene el efecto de restringir el movimiento y la flexibilidad. Esta inhibición en las caderas bloquea el sacro, acorta la respiración e interfiere con los movimientos craneanos. El grupo muscular de ileopsoas es uno de los más importantes del cuerpo. Es el grupo de músculos que estabiliza y conecta el cuerpo y su flexibilidad es esencial para el equilibrio, la coordinación total del cuerpo y el enfoque del cuerpo.

La **Toma a Tierra** le ayuda a Josué a enfocar su energía en lo que está haciendo. Empieza con tus piernas cómodamente separadas.

Apunta con tu pie derecho hacia la derecha. Mantén el pie izquierdo apuntando hacia adelante. Ahora dobla la rodilla derecha mientras vas soltando el aire, luego inhala al enderezar la rodilla derecha de nuevo. Mantén las caderas derechas. Esto fortalece los músculos de la cadera (lo sientes en la pierna estirada) y ayuda a estabilizar la espalda. Hazlo tres veces, y luego repítelo con el lado izquierdo.

Guías de enseñanza

- Los pies del estudiante se apartan más o menos la longitud de la pierna.
- Los pies se colocan en ángulos rectos uno de otro.
- El talón de la pierna flexionada se alinea con el empeine del pie de la pierna estirada.
- La rodilla que está flexionada se desliza en línea recta sobre el pie y no más allá del arco.
- El torso y la pelvis se mantienen alineados mirando hacia adelante; la cabeza, la rodilla flexionada y el pie de la pierna flexionada miran hacia fuera.
- El estiramiento ocurre en los músculos a lo largo del interior de la cadera y el muslo de la pierna estirada.

Variaciones

- Para una mayor liberación de ileopsoas, realice la Toma a Tierra con el pie de la pierna flexionada en el asiento de una silla.
- Desplazarse hacia delante con todo el cuerpo mirando hacia la pierna flexionada.
- Relájese en esta posición respirando profundamente (sólo para estudiantes flexibles, sueltos).

Activa el cerebro para:

- Cruzar la línea media de participación.
- Centrarse y conectarse.
- Organización.
- Incremento de la respiración.
- Conciencia espacial.
- Relajación total del cuerpo.
- Relajación de la visión.

Habilidades académicas

- Comprensión.
- Memoria a largo plazo.
- Almacenamiento de la memoria a corto plazo.
- Organización para mediación verbal y de computador.
- Autoconcepto y autoexpresión.

Habilidades relacionadas

- Trabajo con teclado.

Correlaciones comportamentales/posturales

- Mayor estabilidad y equilibrio.
- Aumento de concentración y atención.
- Las partes superior e inferior del cuerpo se mueven como un todo unificado.
- Nivelación de caderas.
- Actitud más conectada y relajada.

Ejercicios relacionados

- Balanceo de gravedad, p. 46.
- Bombeo de pantorrilla, p. 43.
- Ver también Respiración de vientre, p. 22.
- Agua, p. 55.

Historia del ejercicio

Este estiramiento suave de músculos ileopsoas fue modificado por Gail Dennison de un ejercicio de postura llamado "El Arquero". Gail reconoció la importancia de este movimiento por estar familiarizada con Touch for Health y con técnicas de integración postural. La fortaleza y flexibilidad del grupo muscular ileopsoas se enfatiza también en terapias a través de la danza, de deportes y artes marciales. La Toma a Tierra activa sin peligro los sistemas musculares que conectan, mueven y estabilizan las dimensiones corporales superior e inferior, derecha e izquierda, anterior y posterior. Se usa en clases de Gimnasia para el cerebro desde 1984 y es un valioso aporte a las Actividades de estiramiento.

Movimientos de energía
y actitudes de profundización

Los Movimientos de energía y actitudes de profundización de Gimnasia para el cerebro ayudan a restablecer las conexiones neuronales entre el cuerpo y el cerebro facilitando por tanto el flujo de energía electromagnética a través del cuerpo. Estas actividades sostienen los cambios eléctricos y químicos que ocurren durante todos los procesos mentales y físicos.

Los circuitos derecho-izquierdo, izquierdo-derecho, de cabeza a pies y de pies a cabeza, y anterior y posterior y de posterior a anterior, establecen y sostienen nuestro sentido de dirección, de lateralidad, de centramiento y de enfoque así como nuestra conciencia de dónde estamos en el espacio y en relación con los objetos en nuestro entorno.

Los Movimientos de energía validan mucha información táctil y kinestésica sobre las relaciones del cuerpo interno que se establecen generalmente en el desarrollo evolutivo durante el primer año del niño. Cuando las habilidades visuales se fundan en esta base propioceptiva, se establecerá fácilmente una correspondencia entre lo que se ve y lo que se experimenta. Sin esta congruencia, el conflicto entre los canales sensoriales dificulta el aprendizaje.

El cuerpo humano es uno de los más complejos de todos los sistemas eléctricos. Todas las informaciones visuales, auditivas o kinestésicas, en fin, toda la información sensorial se convierte en señales eléctricas y se lleva al cerebro a través de fibras nerviosas. El cerebro manda entonces señales eléctricas a través de las fibras nerviosas para indicar a los sistemas visual, auditivo y muscular, cómo deben responder. Estas corrientes viajan a velocidades de más de 400 km (248 millas) por hora, ¡más rápido que el más rápido de los trenes eléctricos que existen hoy!

Del mismo modo, los circuitos eléctricos de una casa pueden sobrecargarse, se pueden trancar las señales neurológicas y fisiológicas y pueden apagarse, bloqueando el flujo normal de la comunicación cerebro-cuerpo.

Las autoridades médicas occidentales así como las orientales reconocen la necesidad de mantener circulando libremente los circuitos electromagnéticos del cuerpo (descritos como meridianos en el sistema chino de acupuntura).

Durante períodos de intensificación del estrés, a medida que se suben los niveles de adrenalina, ocurre una baja en el potencial eléctrico a través de la membrana nerviosa, preparando al cuerpo para pelear o huir. En este estado, el cuerpo reacciona con el fin de sobrevivir, enfocando la energía eléctrica lejos de la neocorteza y hacia el sistema nervioso simpático. Los Movimientos de energía y actitudes de profundización activan la neocorteza reenfocando la energía eléctrica hacia los centros de razonamiento. Esto estimula la función parasimpática y disminuye la liberación de adrenalina. Al aumentar el umbral eléctrico a través de la membrana nerviosa, se coordinan nuevamente el pensamiento y la acción.

Adicionalmente, los canales semicirculares del oído interno son estimulados por la actividad eléctrica que ocurre durante el movimiento. Estos canales, a su vez, activan la formación reticular del tallo cerebral, que filtra los distractores de la información relevante y crea un mayor estado de alerta, lo cual facilita el enfoque y la atención en los centros racionales del cerebro. Cuando los canales semicirculares se han dañado o si no son estimulados adecuadamente por el movimiento, la persona puede tener dificultad para concentrarse. Los Movimientos de energía y actitudes de profundización ofrecen un estímulo equilibrado a los canales semicirculares activando y enfocando los centros cerebrales superiores para habilidades de motricidad fina y de nuevo aprendizaje.

En clase de Ciencias aprendemos que el cerebro tiene billones de células nerviosas pequeñísimas llamadas neuronas. Al igual que los teléfonos, éstas conectan diferentes circuitos en el cuerpo. Cuando hago los **Movimientos de energía** siento como que estoy enganchando estas conexiones para que así mi sistema interior de comunicación trabaje aún mejor.

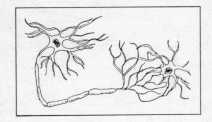

Algunos de los Movimientos de energía y actitudes de profundización se derivan de sistemas de digitopuntura tales como el Jin Shin Jitsu y el Jin Shin Do. Otros fueron inspirados por las técnicas de Touch for Health (Balance Muscular para la Salud) y Applied Kinesiology (Kinesiología Aplicada). El doctor Dennison combinó estos ejercicios con los movimientos oculares que refuerzan el sentido de dirección y que construyen habilidades visuales sobre una base kinestésica. Él dio nombres simpáticos a cada una de las actividades mientras trabajaba con los estudiantes en las instituciones especiales de lectura.

Agua

El Agua es un excelente conductor de la energía eléctrica. Dos tercios del cuerpo humano (aproximadamente el 70 por ciento) está compuesto por agua. Todas las acciones eléctricas y químicas del cerebro y del sistema nervioso central dependen de la conductividad de las corrientes eléctricas entre el cerebro y los órganos sensoriales, facilitados por el Agua. Así como la lluvia cae en la tierra, el Agua se absorbe mejor por el cuerpo cuando se le da en pequeñas cantidades frecuentes.

Guías de enseñanza

- El estrés psicológico o ambiental agota el contenido de agua del cuerpo, deshidratando las células.

Nico y yo ayudamos a mamá con las compras. Nos sentimos de lo mejor cuando comemos alimentos que contienen **agua** natural, como frutas y verduras, y cuando bebemos mucha **agua** buena y limpia. En Ciencias aprendemos que el cuerpo consiste de 2 partes de **agua** (un conductor necesario para todas las reacciones eléctricas y químicas). ¡Más importante aún, yo sé lo limpio y bien que me siento por dentro gracias al **agua**!

- El Agua es esencial para el correcto funcionamiento del sistema linfático. (La alimentación de las células y la eliminación de desperdicios depende de esta acción linfática.)
- Todos los otros líquidos son procesados dentro del cuerpo como alimento, y no contribuye a las necesidades corporales de Agua.
- El Agua se absorbe mejor a temperatura ambiente.
- Tomar demasiada Agua menos de veinte minutos antes o una hora después de las comidas puede diluir los jugos gástricos.
- Los alimentos que contienen Agua tal como las frutas y vegetales, ayudan a lubricar el sistema, incluyendo los intestinos. La acción de limpieza facilita la absorción de agua a través de la pared intestinal.
- Los alimentos procesados no contienen Agua y así como las bebidas cafeinadas pueden ser deshidratantes (diuréticos).
- El trabajo con equipos electrónicos (por ejemplo, computadores o televisión), puede producir pérdida de Agua.
- El método tradicional para determinar las necesidades de Agua es calcular una onza de agua diaria por cada tres libras de peso corporal; y duplíquelo en tiempo de estrés (ver tabla).

> **Cálculo de las necesidades de agua de acuerdo al peso corporal**
>
> $$Peso/3 = número\ de\ onzas$$
> de onzas/8 = número de vasos por día
> por ejemplo: 72 kilos/3 = 48 onzas
> 48 onzas/8 = 6 vasos de agua por día
>
> Una persona que pesa 144 libras (72 kg), necesita 6 vasos de agua al día.

- A menos que usted sea médico, puede ser ilegal prescribir la cantidad de agua necesaria para cada persona. Con una adecuada información, el estudiante puede determinar sus propias necesidades.

Activa el cerebro para:

- Acción eléctrica y química eficientes entre el cerebro y el sistema nervioso.
- Almacenamiento y recuperación eficiente de la información.

Habilidades académicas

- Todas las habilidades académicas se mejoran con una hidratación.
- La ingestión de Agua es vital antes de presentar un examen o en otras situaciones donde haya posibilidades de estrés.

Correlaciones comportamentales/posturales

- Mejor concentración (alivia la fatiga mental).
- Mayor habilidad para moverse y participar.
- Mayor coordinación mental y física (alivia muchas dificultades relacionadas con las conexiones neurológicas).
- Liberación de estrés, reforzando la comunicación y las habilidades sociales.

Movimientos relacionados

- Botones de cerebro, p. 58.
- Botones de Tierra, p. 61.
- Botones de espacio, p. 67.
- Ganchos, p. 75.
- Gateo cruzado, p. 3.

Por qué damos tanta importancia al Agua

Como corredor de maratones, el doctor Dennison aprendió los beneficios de saturar de agua su sistema corporal. En sus centros de aprendizaje, notó que sus estudiantes llegaban sedientos, tomaban grandes cantidades de agua del botellón de mi oficina, y luego se veían más alertas y refrescados. Esta observación llevó al doctor Dennison a estudiar más a fondo el valor del Agua.

Botones de cerebro

Con una mano se manejan profundamente los Botones cerebrales (tejido blando bajo la clavícula a derecha e izquierda del esternón) mientras la otra mano se coloca sobre el ombligo.

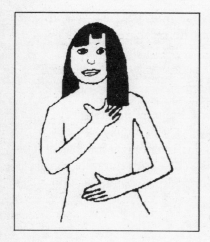

Mi abuelo usa los **Botones de cerebro** antes de leer o usar los ojos.

Leer ya no es un esfuerzo para él. Mientras coloca una mano sobre el ombligo, él masajea fuerte debajo de la clavícula a ambos lados del esternón.

A veces, mientras uso los Botones de cerebro, me imagino que tengo un pincel en mi nariz y pinto una *mariposa* como un Ocho perezoso en el cielo raso, o, sencillamente trazo una línea recta con los ojos donde se junta la pared con el techo. En seguida, mis ojos se deslizan fácilmente sobre las palabras cuando leo.

Guías de enseñanza

- El estudiante estimula estos puntos por veinte o treinta segundos o hasta que se aflojen un poco.
- Los Botones cerebrales pueden ser débiles al principio; después de unos días o una semana, la debilidad desaparecerá. Después se activarán los puntos con sólo tocarlos.
- El estudiante puede cambiar de mano para activar ambos hemisferios cerebrales.

Variaciones

- Incluir trazos horizontales imaginarios (por ejemplo, las líneas del suelo o del techo).
- Hacer "ochos de mariposa" en el techo mientras se sostienen los botones: el estudiante extiende un pincel imaginario desde su nariz y pinta un ocho de mariposa en el techo. (Nota: las mariposas están en el campo visual delantero, no directamente sobre la cabeza; la cabeza no debe estar echada hacia atrás pues bloquearía la posición de "garganta abierta".)
- Más que tocar el ombligo, se deben masajear los puntos hacia la derecha e izquierda de éste.

Activa el cerebro para:

- Mandar mensajes del hemisferio cerebral derecho al lado izquierdo del cuerpo y viceversa.
- Recibir aumento de oxígeno.
- Estimulación de la arteria carótida para el incremento de provisión sanguínea al cerebro.
- Mayor flujo de la energía electromagnética.

Habilidades académicas

- Cruzar la línea media visual de lectura.
- Cruzar la línea media para coordinación corporal (facilitará el mejoramiento del Gateo cruzado).
- Corrección de reversiones de letras y números.

- Mezcla de consonantes.
- Mantener el sitio donde se está leyendo.

Habilidades relacionadas

- Escritura, trabajo con teclados, televisión constructiva.

Correlaciones entre comportamiento y postura

- Equilibrio corporal izquierdo-derecho (caderas derechas, cabeza no ladeada).
- Nivel energético mejorado.
- Mejoramiento de las habilidades de los ojos (puede aliviar el estrés visual, estrabismo y mirada fija).
- Mayor relajación del cuello y de los músculos de los hombros.

Movimientos relacionados

- Gateo cruzado, p. 3.
- Ocho perezoso, p. 5.
- (Ver también: Botones de Tierra, p. 61; Botones de espacio, p. 67; Agua, p. 55.)

Historia del ejercicio

Los Botones de cerebro quedan directamente sobre las arterias carótidas y las estimulan, ya que son las que abastecen de sangre fresca oxigenada al cerebro. Éste, aunque es sólo una cincuentava parte del peso corporal, usa una quinta parte de todo el oxígeno corporal. Poner una mano sobre el ombligo restablece el centro gravitacional del cuerpo, equilibrando los estímulos hacia y desde los canales semicirculares (centros del equilibrio del oído interno). La "dislexia" y las dificultades relacionadas de aprendizaje, están asociadas con la mala interpretación de los mensajes direccionales, conocidos en Kinesiología Aplicada como causados en parte por la inhibición visual. Los Botones de cerebro establecen una base kinestésica para las habilidades visuales, donde la habilidad del niño para el cruce de la línea media corporal lateral se incrementa espectacularmente.

Botones de Tierra

Ambas manos descansan en la línea media delantera lateral del cuerpo atrayendo la atención del estudiante hacia este punto central de referencia, necesario para tomar decisiones respecto a la posición de los objetos en el espacio. Cuando el estudiante puede organizar su campo visual en términos de su propio cuerpo, sus ojos, manos y todo el cuerpo logran una mayor coordinación. Las yemas de los dedos de una mano descansan sobre el labio inferior, las yemas de los dedos de la otra mano descansan sobre el extremo superior del hueso púbico (más o menos 15 cm debajo del ombligo). Experimentar esta conexión entre las dos partes medias del cuerpo (de la parte superior y de la inferior), permite que el estudiante las coordine para aumentar su estabilidad.

Guías de enseñanza

- Los puntos pueden tocarse por unos treinta segundos o más (durante 4 a 6 respiraciones completas).
- El estudiante debe respirar despacio y profundo, experimentando la relajación.
- En vez de contactar el hueso púbico, algunas personas pueden sentirse más cómodas poniendo la palma de la

Mi abuelita prefiere los **Movimientos de energía**. Ella usa los **Botones de Tierra** cuando hace cálculos para sus gastos o sus cheques.

"¡Puedo calcular más rápido ahora que cuando asistía a la Universidad de joven!", me cuenta, "¡y con más precisión!" Coloca dos dedos en el mentón y descansa la otra mano en el ombligo (o en el reborde superior del hueso púbico). Sube la energía por el centro del cuerpo con cada respiración profunda.

mano sobre el ombligo, con las yemas de los dedos sobre la línea media, apuntando hacia abajo.

Variaciones

- Cambie las manos para activar ambos lados del cerebro.
- Trace hacia arriba la línea media sin tocar el cuerpo: inhale, imaginando una fuente de energía que se mueve hacia arriba por la línea media. Exhale, permitiendo a la fuente que regrese a tierra.
- Mire hacia abajo (para conectarse con la tierra) mientras toca los botones.
- Mire directamente hacia abajo y después traslade la visión hasta un determinado punto en la distancia (para habilidades visuales de cerca y lejos).
- Permita que sus ojos sigan el plano vertical (por ejemplo, del techo al suelo, a una esquina).
- Ponga una mano sobre el ombligo. Con el pulgar y el dedo índice de la otra mano, vibre ligeramente sobre los puntos encima y debajo de los labios y después estimule el coxis (ésta es una variación que combina los Botones de Tierra con los Botones de espacio).

Activa el cerebro para:

- La habilidad de trabajar en el campo medio.
- Centrarse.
- Conectarse (mirando hacia abajo para habilidades de visión cercana).

Habilidades académicas

- Habilidades de organización (moviendo los ojos verticalmente así como horizontalmente sin perder su lugar, como al leer en columnas de matemáticas o de ortografía y deletreo).
- Habilidades de visión cercana y lejana (por ejemplo, desde un papel o libro hasta el tablero).

- Mantener el lugar mientras se está leyendo.
- Leer sin desorientarse.

Habilidades relacionadas

- Organización y esquemas para arte, contabilidad, etcétera.

Correlaciones comportamentales/posturales

- Alerta mental (alivia la fatiga mental).
- Caderas niveladas (sin torsión) y cabeza nivelada (no ladeada).
- Cabeza recta y hacia atrás (sin flaccidez).
- Ojos abiertos (alivian hábitos de entreabrir los ojos o de mirar fijamente).
- Estabilidad y coordinación de cuerpo completo.

Ejercicios relacionados

- Botones de espacio, p. 67.
- Botones de equilibrio, p. 64.
- Ganchos, p. 75.
- Agua, p. 55.

Historia del ejercicio

Los Botones de Tierra identifican claramente la línea media lateral. Estos puntos son muy activos durante el desarrollo, cuando el niño está aprendiendo a levantar la cabeza en la posición erguida o a darse vuelta, un paso importante para el desarrollo de la visión binocular y para la activación del movimiento de los músculos centrales posturales externos. Tocar los puntos del principio y del final de este meridiano central de acupuntura también estimula el cerebro, alivia la fatiga mental y hace posible los cambios del enfoque visual necesarios para mirar hacia arriba y hacia abajo.

Botones de equilibrio

Los Botones de equilibrio aportan un rápido equilibrio para las tres dimensiones, izquierda/derecha, arriba/abajo, delantero/posterior. Restaurar el equilibrio en el occipital y en el área del oído interno ayuda a normalizar todo el cuerpo. El estudiante toca los Botones de equilibro localizados justo sobre la hendidura donde el cráneo descansa sobre el cuello (de 3.5 a 5 cm de cada lado en la parte media posterior) y justo detrás del área mastoidea.

Guías de enseñanza

- El estudiante toca uno de los Botones de equilibrio mientras sostiene el ombligo con la otra mano por treinta segundos aproximadamente, después cambia de mano para tocar el otro Botón de equilibrio. La barbilla se baja y la cabeza está a nivel.
- Use dos dedos o más para asegurarse que está cubriendo todo el punto.
- Algunas personas pueden experimentar una pulsación cuando se toca o presiona este punto.

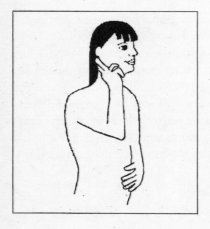

Papá me está enseñando a usar la computadora. Usamos los **Botones de equilibrio** para mantener nuestros cuerpos relajados y nuestra mente alerta. Con dos dedos toca la hendidura de la base del cráneo; descansa la otra mano en el ombligo. Levanta la Energía respirando profundo. Después de un minuto, toca detrás de la otra oreja.

Variaciones

- Realice la actividad mientras esté de pie, sentado o acostado.
- Estimule los puntos haciendo masaje antes de tocarlos.
- Cuando presione los puntos, dibuje con su nariz círculos sobre un objeto lejano, mueva la cabeza de lado a lado o mire a su alrededor relajando los ojos y los músculos del cuello.
- Presione la cabeza suavemente contra sus dedos mientras está presionando los puntos, relajando cualquier tensión del cuello o dolor de cabeza.

Activa el cerebro para:

- Estar alerta y enfocar estimulando los canales semicirculares y el sistema reticular.
- Toma de decisiones, concentración y pensamiento asociativo.
- Cambio del enfoque visual de un punto a otro.
- Propiocepción aumentada para balanceo y equilibrio.
- Relajación de movimiento de cráneo y quijada.

Habilidades académicas

- Comprensión para "leer entre líneas".
- Percepción del punto de vista del autor.
- Juicio crítico y toma de decisiones.
- Habilidades de reconocimiento para ortografía y matemáticas.

Habilidades relacionadas

- Redacción de informes, trabajo de referencias, trabajo por teléfono o con el computador.
- Liberación del mareo o de presión en el oído debido a la altura.

Correlaciones comportamentales/posturales

- Sentimiento de bienestar.
- Actitud abierta o receptiva.
- Mejor nivelación de ojos, oídos y cabeza sobre los hombros.
- Relajación de postura o actitud sobreenfocada.
- Mejoramiento de los reflejos incluyendo la habilidad de marcha cruzada.

Ejercicios relacionados

- Puntos positivos, p. 77.
- Ganchos, p. 75.
- Botones de espacio, p. 67.
- Botones de Tierra, p. 61.

Historia del ejercicio

Cuando Richard H. Tyler, doctor quiropráctico y el doctor Dennison hicieron sus investigaciones con estudiantes en el Valley Remedial Group Learning Center, el doctor Tyles les enseñó a los estudiantes que los Botones de equilibrio funcionan desbloqueando niveles profundos de intercambio de la parte posterior a anterior relacionados con los músculos débiles del cuello, estrés a largo plazo o heridas en la cabeza. El doctor Dennison reconoció más tarde que este síndrome es parte del reflejo de tendón de protección que nos impide una participación completa, ya sea expresiva o receptora, especialmente en el área del lenguaje ya sea expresiva o receptivamente. Cuando los músculos del cuello son fuertes y se ha desarrollado una diferenciación de cabeza y cuerpo, los circuitos neurológicos entre el cerebro y el cuerpo están disponibles para un óptimo desempeño y logros.

Botones de espacio

Ambas manos descansan en la línea media del cuerpo, una sobre el labio superior en la línea media anterior y la otra mano sobre la línea media posterior justo encima del coxis. En algunas situaciones, algunas persona preferirán tocar cualquier punto de la línea media posterior.

Guías de enseñanza

- El estudiante respira la energía ascendiendo por su columna, experimentando la relajación resultante.
- Los puntos pueden sostenerse por treinta segundos o más (de cuatro a seis respiraciones).
- El cambio de manos ayuda a activar ambos lados del cerebro.

Variaciones

- El labio superior y el inferior pueden estimularse con una mano y el coxis con la otra (una variación) usando los Botones de Tierra o los Botones de espacio juntos.

Mamá dice que los **Botones de espacio** le ayudan a aclarar la mente para el tipo de decisiones rápidas que tiene que tomar en el trabajo. Coloca dos dedos por arriba de tu labio superior y descansa la otra mano en el cóccix; sostenlas ahí por un minuto, subiendo la energía por la columna con cada inspiración. A veces hago los Botones de Tierra y de espacio juntos. Masajeo firmemente encima del labio superior y en el mentón, mientras enfoco mi vista hacia abajo y luego hacia arriba varias veces.

- Estimulando los puntos con presión firme o masaje puede ser muy útil especialmente cuando caídas sobre el coxis han hecho que permanecer sentado sea incómodo.
- Mire hacia arriba o permita que los ojos tracen un plano vertical (por ejemplo, del techo al piso y a una esquina) para aumentar la flexibilidad visual.

Activa el cerebro para:

- Habilidad para trabajar sobre el campo medio.
- Centrarse y estabilizarse.
- Relajación del sistema nervioso central.
- Percepción de profundidad y contextos visuales.
- Contacto visual más estable.
- Visión cercana y lejana.

Habilidades académicas

- Habilidades de organización (movimiento vertical de ojos así como horizontal sin confusión tal como en columnas de matemáticas u ortografía).
- Mantener el renglón de lectura.
- Habilidad para enfocarse en una tarea.
- Aumento de interés y motivación.

Habilidades relacionadas

- Organización y trazado para arte, diseño, contabilidad o trabajo en computador.

Correlaciones comportamentales/posturales

- Habilidad para reemplazar el esfuerzo con la intuición y el conocimiento.
- Habilidad para relajarse.
- Nivelación de caderas (sin torsión).
- Nivelación de cabeza (no inclinada ni hacia delante).
- Habilidad para sentarse cómodamente y de frente en una silla.

- Aumento del período de atención (el enfoque alivia el comportamiento hiperactivo).

Ejercicios relacionados

- Botones de Tierra, p. 61.
- Botones de equilibrio, p. 64.
- Agua, p. 55.

Historia del ejercicio

Los Botones de espacio están en el principio y el final del meridiano gobernados en la acupuntura, asociado con el cerebro, la columna vertebral y el sistema nervioso central. Cuando se los estimula, facilitan un aumento de la nutrición al cerebro a través de la sangre y del líquido cerebroespinal, nutriente necesario para un funcionamiento óptimo y relajado. Estos puntos son estimulados en la infancia cuando el bebé se da vuelta o cuando se lo sostiene cuando se alimenta. Los Botones de espacio activan las líneas medias relacionadas con las tres dimensiones del cuerpo.

Bostezo energético

El bostezo es un reflejo respiratorio natural que aumenta la circulación al cerebro y estimula todo el cuerpo. Idealmente, debemos cubrir la boca al bostezar pero no debemos sofocarlo ya que esto puede crear tensión en la mandíbula. El bostezar es aceptado como ¡"Buenas maneras" dentro de la Gimnasia para el cerebro! Bostezar mientras se tocan puntos tensos en la mandíbula ayuda a equilibrar los huesos del cráneo y relaja la tensión en la cabeza y mandíbula.

Guías de enseñanza

- Mientras imita un bostezo, cierre los ojos fuertemente y masajee las áreas que cubren los molares traseros superiores e inferiores. El músculo que se puede sentir al tocar

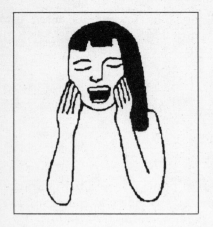

Josué y yo tenemos nuestra propia banda de música: "Los pájaros azules". Juntos usamos el **Bostezo energético** para relajar nuestras voces. ¡Nos ayuda para crear música también! Pretende bostezar. Coloca las yemas de tus dedos en cualquier punto tenso de tus mandíbulas. Haz un sonido profundo, relajado, como si bostezaras, disipando suavemente esa tensión.

cerca de los molares superiores está involucrado con el abrir la boca, el que se siente sobre los molares inferiores realiza el cierre.

• Se hace un sonido profundo y relajado de bostezo mientras se masajean los músculos.

• Repita la actividad de tres a seis veces.

Variaciones

• El estudiante encuentra las articulaciones de las quijadas al abrir y cerrar la boca y siente las articulaciones con las yemas de los dedos; la boca se abre cómodamente y el estudiante imita el bostezo a medida que masajea ligeramente los músculos en la parte delantera de la articulación.

• Presione suavemente ambas articulaciones de la quijada meciendo la quijada inferior con las palmas de las manos. Con la boca relajada ligeramente abierta deslice las manos lentamente hacia abajo sobre la quijada, sintiendo cómo los músculos se "derriten" entre sus dedos.

• Para fortalecer la lengua, aplánela sobre el paladas superior mientras realiza el Bostezo energético.

Activa el cerebro para:

- Mejora en la percepción y en la función motriz de los ojos y músculos para la vocalización y la masticación.
- Aumento de la oxidación para funcionamiento eficiente y relajado.
- Atención y percepción visual mejoradas.
- Movimiento relajado de los músculos faciales.
- Refuerzo de la comunicación verbal y expresiva.
- Aumento de la discriminación entre la información relevante de la irrelevante.

Habilidades académicas

- Lectura en voz alta.
- Escritura creativa.
- Hablar en público.

Habilidades relacionadas

- Visión y pensamiento relajado durante el trabajo mental.
- Mejoran el canto.

Correlaciones comportamentales/posturales

- Resonancia vocal más profunda.
- Visión relajada (estimula la lubricación de los ojos).
- Expresión y creatividad mejoradas.
- Mejoramiento del equilibrio.

Ejercicios relacionados

- Gateo cruzado, p. 3.
- Bombeo de pantorrilla, p. 43.
- Rotación de cuello, p. 17.
- Flexión de pie, p. 41.
- Respiración de vientre, p. 22.

Historia del ejercicio

Más de cincuenta por ciento de las conexiones neuronales entre el cerebro y el cuerpo pasan a través del área de la articulación de la quijada. La relación entre los propioceptores en la quijada, cadera y pies es la clave para el balance y equilibrio de todo el cuerpo. Los músculos de la quijada son los músculos que más se pueden tensionar. En 1981 el doctor Dennison aprendió de la doctora Janet Goodrich, autora de *Natural Vision Improvement* cómo bostezar intencionalmente para mejorar la visión. Cuando su propia visión mejoró, añadió el masaje en el músculo de la quijada para reforzar los resultados y comenzó a enseñarlo a sus estudiantes.

Sombreros de pensamiento

Esta actividad ayuda al estudiante a enfocar su atención al escuchar. También relaja la tensión en los huesos craneanos. El estudiante usar los pulgares y los índices para jalar sus orejas suavemente hacia atrás y "desenrollarlas". Comienza por la parte superior de la oreja y masajea suavemente hacia abajo y alrededor de la curva, terminando con el lóbulo inferior.

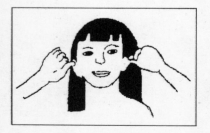

"Pongámonos nuestros **Sombreros de pensamiento**, Josué", le recuerdo.

(A veces se distrae y no escucha lo que le estoy diciendo.) Yo también me lo pongo, porque me ayuda a escuchar el sonido de mi propia voz cuando hablo o canto. Suavemente dobla tus orejas hacia atrás, tres veces desde arriba hacia abajo.

Guías de enseñanza

- El alumno mantiene la cabeza derecha con la barbilla cómodamente nivelada.
- El proceso puede repetirse tres o más veces.

Variaciones

- Haga Sombreros de pensamiento conjuntamente con el Bostezo energético.
- Incluya sonido (p. ej. sonidos del bostezo o vocales).
- Realice el ejercicio mientras repasa una lista ortográfica de palabras.

Activa el cerebro para:

- Cruzar la línea media (incluyendo el reconocimiento auditivo, la atención, discriminación, percepción, memoria).
- Escuchar la propia voz al hablar.
- Memoria a corto plazo.
- Lenguaje silencioso y habilidad de pensar.
- Escuchar con ambos oídos a la vez.
- Activa la formación reticular (filtra los sonidos distractores de los relevantes).
- Aumento de la condición mental y física.

Habilidades académicas

- Comprensión al escuchar.
- Hablar en público, cantar, tocar un instrumento musical.
- Lenguaje interior y mediación verbal.
- Deletrear (decodificar y codificar).

Habilidades relacionadas

- Aritmética mental.
- Concentración mientras se trabaja con el computador u otros medios electrónicos.

Correlaciones comportamentales/posturales

- Mejora la respiración y la energía.
- Aumento de la resonancia de la voz.
- Relajación de quijada, lengua y músculos faciales.
- Mejora la habilidad de girar la cabeza a izquierda y derecha.
- Refuerzo del enfoque de la atención.
- Mejora el equilibrio especialmente en un vehículo en movimiento.
- Mayor rango de audición.
- Expansión de la visión periférica.

Ejercicios relacionados

- El elefante, p. 14.
- El búho, p. 35.
- Agua, p. 55.
- Ver también: Bostezo energético para tensión de quijada o facial, p. 69.

Historia del ejercicio

Este ejercicio auricular usado en Touch For Health (Balance Muscular para la salud), Applied Kinesiology (Kinesiología Aplicada) y en sistemas de acupuntura estimula más de 400 puntos de acupuntura en las orejas. Estos puntos se relacionan con cada función del cerebro y del cuerpo. El doctor Dennison descubrió que esta actividad era particularmente efectiva en la integración del habla y del lenguaje. Los Sombreros de pensamiento estimulan la formación reticular del cerebro par eliminar distracciones y sonidos irrelevantes; se sintoniza en el lenguaje o en otros sonidos importantes. Con los Sombreros de pensamiento el significado de las palabras es inmediatamente accesible. El ritmo, sonido e imágenes se comprenden simultáneamente.

Nota: Para algunas personas, la exposición excesiva a sonidos electrónicos (por ej. radio, TV, computador, videojuegos) "cierra" los oídos.

Ganchos

Los Ganchos conectan los circuitos eléctricos en el cuerpo, que contienen y por tanto enfocan tanto la atención como la energía desorganizada. La mente y el cuerpo se relajan cuando la energía circula a través de las áreas bloqueadas por la tensión. El patrón de la figura de 8 de brazos y piernas (parte uno) sigue las líneas del flujo de energía del cuerpo. El toque con las yemas de los dedos (parte dos) equilibra y conecta los dos hemisferios cerebrales.

Guía de enseñanza

- Parte uno: sentado, el estudiante cruza el tobillo izquierdo sobre el derecho. Extiende los brazos hacia delante, cruzando la muñeca izquierda sobre la derecha. Después entrelaza los dedos y acerca las manos sobre el pecho. puede cerrar los ojos, respirar profundo y relajarse por un minu-

Hacemos los **Ganchos** siempre que nos sentimos tristes, confundidos o enojados. Esto nos alegra en un momento. Esta actividad se hace en dos etapas. Mi abuelo está haciendo la primera parte y mi abuelita la segunda etapa.

Primero, coloca el tobillo izquierdo sobre la rodilla derecha. Luego engancha la mano derecha en tu tobillo izquierdo. Ahora pon la mano izquierda en la planta del pie izquierdo (algunas personas prefieren sentarse con el tobillo derecho sobre la rodilla izquierda). Permanece en en esta posición por un minuto, repirando profundo, con los ojos cerrados y la lengua contra el paladar de la boca. Durante la segunda parte, descruza las piernas, junta las yemas de tus dedos de ambas manos, y respira profundo durante otro minuto.

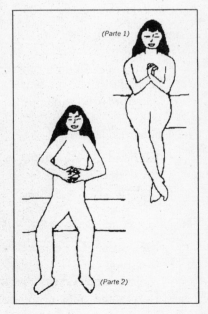

(Parte 1)

(Parte 2)

to. Opcional presionar la lengua contra el paladar en la inhalación y relajarla en la exhalación.

- Parte dos: cuando está listo, el estudiante descruza las piernas, junta las yemas de los dedos, continuando la respiración profunda por otro minuto.

Variaciones

- Los Ganchos también se pueden hacer de pie.
- Los Ganchos Parte Uno: El estudiante se sienta descansando el tobillo izquierdo sobre la rodilla derecha. Toma el tobillo izquierdo con la mano derecha, poniendo la mano izquierda alrededor de la planta del pie izquierdo (o del zapato). Respira profundamente por un minuto y después continúa con la Parte Dos, como se mencionó anteriormente.
- Para la Parte Uno de cualquiera de las versiones anteriores, algunas personas pueden preferir poner el tobillo derecho y la muñeca derecha encima.

Activa el cerebro para:

- Centrar la emoción.
- Conectarse.
- Aumento de la atención (estímulo de la formación reticular).
- Movimiento craneano.

Habilidades académicas

- Claridad en escuchar y hablar.
- Presentación de exámenes y retos similares.
- Trabajo en el teclado.

Correlaciones comportamiento y postura

- Mejoramiento del autocontrol y conciencia de límites.
- Mejoramiento de equilibrio y coordinación.
- Mejoramiento en el ambiente (menos hipersensibilidad).
- Respiración más profunda.

Ejercicios relacionados

- Puntos positivos, p. 77.
- Botones de equilibrio, p. 64.
- Gateo cruzado, p. 3.
- Gateo cruzado en el suelo, p. 24.

Historia del ejercicio

Los Ganchos desplazan la energía eléctrica de los centros de supervivencia en la parte cerebral posterior hacia los centros del razonamiento en el cerebro medio y la neocorteza, activando por tanto la integración hemisférica, aumentando la coordinación motora fina y mejorando el razonamiento formal. Respecto al desarrollo, estas sendas de integración son establecidas usualmente en la infancia a través de los movimientos de succión y motores cruzados. La presión de la lengua contra el paladar estimula el sistema límbico para el procesamiento emocional en concierto con el razonamiento más refinado en los lóbulos frontales. Una cantidad excesiva de energía hacia los receptores cerebrales (derecho o posterior) puede manifestarse como depresión, dolor, fatiga o hiperactividad. Esta energía es redirigida en la parte uno hacia el cerebro expresivo (izquierdo) en un patrón de figura 8. El doctor Dennison descubrió que esta postura también podría ser usada para liberar estrés emocional y aliviar dificultades de aprendizaje. Wayne Cook, un experto en energía electromagnética, inventó la variación de esta postura (ver dibujo) de la cual los Ganchos han sido adaptados como una forma de contrarrestar los efectos negativos de la contaminación eléctrica.

Puntos positivos

El alumno toca suavemente los puntos sobre cada ojo con las yemas de los dedos de cada mano. Los puntos están en las prominencias frontales que se ven en la ilustración, en un punto medio entre la línea de nacimiento del cabello y las cejas.

Siempre usamos los **Puntos positivos** en nosotros mismos o ayudando a otras personas cuando nos sentimos nerviosos o asustados. Sabemos que podemos conseguir nuestras metas cuando dejamos de preocuparnos por algo y empezamos a confrontarlo. En menos de un minuto nos sentimos calmados, planeando el futuro. Los **Puntos positivos** se tocan muy suavemente. Los puntos están en la frente, entre las cejas y la línea del pelo.

Guías de enseñanza

- El alumno piensa en algo que le gustaría recordar como por ejemplo, la ortografía de una palabra o se concentra en una situación que puede producir estrés tal como un examen de ortografía.
- El estudiante cierra los ojos y se permite experimentar la imagen o la tensión asociada y después la liberación de éstas.

Variaciones

- Los Puntos positivos se pueden realizar en equipos en que cada estudiante ayuda al otro como se ve en la ilustración.
- Se pueden usar en conjunto con visualizaciones creativas tales como imaginar una escena agradable o pensamiento creativo tal como imaginar el desenlace de un evento o historia.
- Los Puntos positivos se pueden masajear suavemente para liberar el estrés visual.

Activa el cerebro para:

- Acceder al lóbulo frontal para equilibrar el estrés respecto a recuerdos específicos, situaciones, personas, lugares y habilidades.
- Relajación del reflejo de actuar sin pensar cuando se está en situación de estrés.

Habilidades académicas

- Liberación de bloqueos de memoria (por ejemplo, "Sé la respuesta. La tengo en la punta de la lengua").
- Es útil cuando se estudia ortografía, matemáticas y ciencias sociales o cuando se requiere memoria a largo plazo.

Habilidades relacionadas

- Desempeño en deportes.
- Hablar en público.
- Desempeño en teatro y escenarios
- Leer en voz alta.

Correlaciones comportamentales/posturales

- Habilidades de organización.
- Habilidades para el estudio.
- Desempeño en los exámenes.

Ejercicios relacionados

- Agua, p. 55.
- Ganchos, p. 75.
- Respiración de vientre, p. 22.
- Mira una X, p. 29.

Historia del ejercicio

El doctor Dennison rebautizó estos puntos de liberación de estrés emocional de Touch For Health como "Puntos positivos". Son puntos de equilibrio neurovascular para el meridiano del estómago. La gente tiende a retener su estrés en el abdomen lo cual se traduce en dolores de estómago o "estómagos nerviosos", un patrón establecido muchas veces en la primera infancia mientras se está dando un sofisticado desarrollo cortical. Los Puntos positivos traen circulación sanguínea del hipotálamo a los lóbulos frontales donde ocurre el pensamiento racional. Esto evita la respuesta de lucha-o-huida de tal manera que permite que se pueda aprender una nueva respuesta ante la situación.

Combinaciones

Agua

Botones de Cerebro

Gateo cruzado

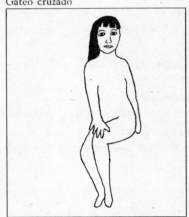

Ganchos

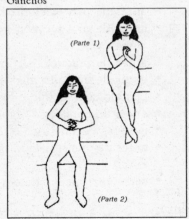

La herramienta más versátil y más potente para agilizar el cerebro antes de aprender algo nuevo es la secuencia esencial de movimientos de Gimnasia para el cerebro conocida como el

PASO. Cada letra que conforma la palabra PASO se refiere al beneficio de un movimiento (pero se practica de atrás para adelante, en el orden de las ilustraciones de la página 81).

La P de PASO es de actitud POSITIVA. Así es como nos sentimos después de practicar el movimiento de los Ganchos: nos sentimos más relajados y positivos.

La A de PASO es de estar ACTIVO, resultado de practicar el movimiento del Gateo cruzado. Con él, nuestros dos hemisferios cerebrales tienen contactos más activos y mejor comunicación.

La S de PASO es de SANEA: es el beneficio que obtenemos cada vez que practicamos los Botones de cerebro.

La O de PASO es por el incremento del OXÍGENO que el cerebro obtiene cada vez que tomamos Agua.

El PASO nos da ingenio y nos prepara antes de cualquier situación. Puedes hacer el PASO:

- antes de empezar el día
- antes de entrar a clases
- antes de resolver un examen
- antes de una lección de manejo o una prueba
- antes de una reunión importante, entrevista o presentación
- antes de practicar algún deporte o actividad
- antes de expresar algo que nos resulta difícil
- cuando sientas que estás estresado
- antes de conocer a alguien que te resulta difícil tratar
- después de un susto o una mala noticia
- antes de una situación que sabemos que nos va a resultar difícil
- cada vez que lo desees

¡Enseña a tus amigos y a tu familia a utilizar el PASO!

Metáfora de integración cerebral

Éste es un movimiento adicional de Gimnasia para el cerebro que puedes practicar cada vez que desees tener acceso a todo tu cerebro, para pensar, y para estar en condiciones óptimas.

De pie o sentado, ponte cómodo y cierra los ojos. Centra la atención en tu cabeza mientras colocas ambas manos mostrando la palma hacia arriba, frente a ti, con los brazos estirados. Mueve lentamente la mano izquierda y coloca la palma sobre el lado lateral izquierdo de tu cabeza. Imagina que con esa mano puedes, de manera temporal, "sacar" y examinar el hemisferio izquierdo de tu cerebro. Imagina ahora que, al poner la mano frente a ti, puedes observar toda la belleza y esplendor de esa parte de tu cerebro. Examina y aprecia ese hemisferio; con gentileza repite el ejercicio con tu mano derecha. En este punto, ¡imagina tener ambos hemisferios delante de ti!

Cuando hayas terminado de apreciar, disfrutar, respetar y dar cariño a tu maravilloso cerebro, lenta, gentil y cuidadosamente une las manos con suavidad (todavía con tus brazos estirados frente a ti), y entrelaza los dedos, para simbolizar un cerebro completo, conectado y trabajando bien. Ahora, puedes "colocarlo en su sitio", haciendo un símbolo, "regresando" con suavidad el cerebro a tu cabeza. Repite este ejercicio cuantas veces lo desees.

Algunas personas perciben movimientos y sensaciones dentro de su cabeza al realizar el ejercicio.

Cómo combinar los movimientos para el trabajo... y el juego

Habilidades de lectura

Cruce de la línea media visual

Movimiento de los ojos a través de la página sin inhibir el cerebro receptivo

El desarrollo de las habilidades visuales para la lectura comienza con la habilidad de mover ambos ojos al tiempo de izquierda a derecha a través de la línea media de la página y a través del campo medio visual correspondiente. Para leer, un ojo tiene que ser dominante para el enfoque y el otro para "mezclar". A pesar de que ambas habilidades están disponibles para cada ojo, el estrés en el aprendizaje de tareas de enfoque y de mezclar para la lectura puede causar desorientación visual.

Lectura fluida a través de la línea media.

Botones de cerebro, p. 58.
Gateo cruzado, p. 3.
Ocho perezoso, p. 5.
Gateo cruzado en el suelo, p. 24.

Botones de cerebro

Gateo cruzado

Ocho perezoso

Gateo cruzado en el suelo

Lectura oral

Lectura expresiva con emoción e interpretación

El lector tiene que descubrir que está contando una historia o comunicando ideas a través de la lectura. Uno debe tener el concepto del código verbal con el fin de que la lectura verdadera sea posible. En las lenguas occidentales el código incluye un auditorio así como un componente visual y motor. Los tres tienen que usarse juntos para que tenga lugar la reconstrucción del código.

Bostezo energético, p. 69.
Gateo cruzado, p. 3.
Respiración de vientre, p. 22.
La mecedora, p. 19.
Rotación de cuello, p. 17.

Bostezo energético

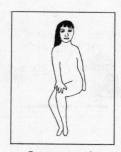
Gateo cruzado

Respiración de vientre

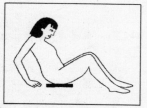
La mecedora

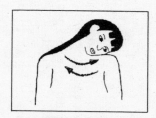
Rotación de cuello

Comprensión de lectura

Lectura enfocada que involucra la anticipación e internalización del lenguaje

La lectura es una reconstrucción activa realizada por el lector del mensaje o código del autor. No hay nada inherentemente significativo sobre el código en sí mismo. El éxito de la comunicación depende de que el escritor codifique algo significativo y el lector lo decodifique, haciéndolo suyo. Por tanto, la comunicación a través de la palabra escrita depende de la recreación activa del lector de la obra cuando la lea.

Bombeo de pantorrilla, p. 43.
Flexión de pie, p. 41.
Toma a Tierra, p. 48.

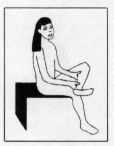

Bombeo de pantorrilla   Flexión de pie   Toma a Tierra

Habilidades para pensar

Habilidades de organización

Movimiento vertical y horizontal de ojos sin confusión

La familiaridad con los procesos multidireccionales y multimodales (visual, auditiva, táctil, kinestésica) es un prerrequisito para comprender la matemática y ortografía. Hasta que se logre reconocer izquierda, derecha, arriba, abajo como espacios visuales únicos, el alumno tendrá dificultad con las palabras o símbolos presentados en columnas y con los símbolos de colocación en una secuencia ordenada.

Botones de cerebro, p. 58.
Botones de espacio, p. 67.
Botones de equilibrio, p. 64.

  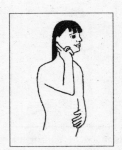

Botones de cerebro   Botones de espacio   Botones de equilibrio

Ortografía-deletreo

*Habilidad para acceder a la memoria visual y simultáneamente for-
mar construcciones auditivas*

Para deletrear con eficiencia, es esencial el desarrollo de la memoria de corto de largo plazo para el almacenamiento de información sobre los sonidos y asociaciones.
Mejor Ortografía-Deletreo.

El elefante, p. 14.
Sombreros de pensamiento, p. 72.
El búho, p. 35.

El elefante

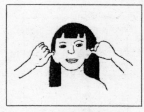

Sombreros de
pensamiento

El búho

Matemáticas

La habilidad para trabajar en un medio multidimensional y multidireccional

Las habilidades matemáticas son más accesibles al estudiante que ha internalizado conceptos de espacio, masa, cantidades y relaciones.

El elefante, p. 14.
El búho, p. 35.
Bombeo de pantorrilla, p. 43.
Rotación de cuello, p. 17.
Balanceo de gravedad, p. 46.

El elefante

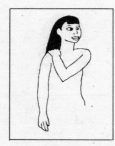

El búho

Bombeo de pantorrilla

Rotación de cuello

Balanceo de gravedad

Habilidades de escritura

Coordinación ojo-mano

Caligrafía, escritura cursiva y dibujo en los campos visuales izquierdo, derecho, superior e inferior

El estudiante descubre que los símbolos (letras o dibujos) pueden comunicar sentido. El deseo de comunicarse a través de símbolos es el primer paso para la adquisición de habilidades de escritura. Los movimientos de motricidad gruesa se establecen como base para el manejo de las manos y del control de motricidad fina.

Ocho perezoso, p. 5.
Ocho alfabético, p. 11.
Activación de brazo, p. 38.
Garabato doble, p. 8.

Ocho perezoso   Ocho alfabético   Activación de brazo

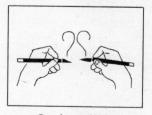

Garabato doble

Escritura creativa

La habilidad para expresar experiencias recibidas y almacenadas en el cerebro posterior en un lenguaje personal

Las habilidades de leer y escribir se desarrollan paralelamente, cada una reforzando a la otra. La escritura ayuda a establecer las habilidades necesarios para la atención (enfocar), percepción (significado) y discriminación (conectar asociaciones con sentimientos). Las habilidades de escritura se deben mantener equilibradas con las de lectura, e idealmente mantenerse a un nivel máximo de dos años por debajo del nivel de lectura.

Bombeo de pantorrilla, p. 43.
Flexión de pie, p. 41.
Bostezo energético, p. 69.

 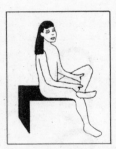 

Bombeo de pantorrilla Flexión de pie Bostezo energético

Habilidades de autoconciencia

Cruce de la línea media auditiva:
Escuchar y hablar claramente

El escuchar activamente involucra retroalimentación externa e interna y estimula para recibir información

Escuchar activamente involucra tanto la recepción como el procesamiento del sentido y es un prerrequisito básico para toda la comunicación efectiva. Externamente, las respuestas motoras son necesarias para escuchar y para el lenguaje. Internamente, uno tiene que interpretar las ideas y asociaciones para lograr responder a partir de la experiencia propia. Los procesos de retroalimentación y anticipación permiten que se lleven a cabo la comprensión y la expresión.

Sombreros de pensamiento, p. 72.
Gateo cruzado, p. 3.
El elefante, p. 14
Ganchos, p. 75.

El elefante

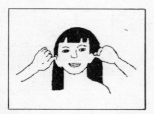

Sombreros de
pensamiento

Gateo cruzado

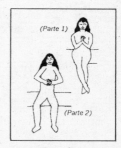

Ganchos

Autoconcepto: luz interior

La autoestima es tanto el fin como el medio del aprendizaje autodirigido

Tener confianza dentro de los límites del espacio personal nos ayuda a sentirnos seguros, a saber cuándo es adecuado asumir riesgos y a respetar el espacio de otras personas. El espacio personal es el área de trabajo inmediata alrededor de nuestro cuerpo incluyendo todo espacio que se pueda alcanzar cómodamente en cualquier dirección; en él podemos irradiar nuestras ideas, sentimiento y autoexpresión.

Puntos positivos, p. 77.
Ganchos, p. 75.
Botones de equilibrio, p. 64.

Puntos positivos

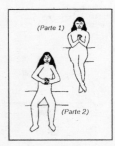
Ganchos

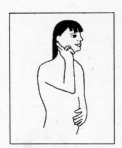
Botones de equilibrio

Coordinación de cuerpo total para deportes y juego

Los reflejos básicos cerebro-cuerpo son esenciales para tomas de decisiones mientras se está en movimiento

El alumno desarrolla un sentido del área física de su espacio personal y define sus límites. Este espacio seguro tiene dimensiones de izquierda/derecha, arriba/abajo y de adelante/atrás. Una percepción kinestética y visual mejorada de los campos de figura-fondo se manifiestan en el campo de juego como facilidad para seguir la pista y para coordinar ojo-mano. El estudiante descubre una mayor autonomía mientras coordina su cerebro y cuerpo a través de movimientos enfocados.

Mira una X, p. 29.   La mecedora, p. 19.
Gateo cruzado, p. 3.   Botones de espacio, p. 67.
Botones de equilibrio, p. 64.   El energetizador, p. 27.

Mira una X

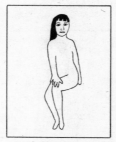

Gateo cruzado

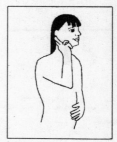

Botones de equilibrio

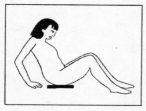

La mecedora

Botones de espacio

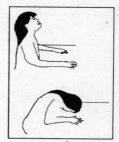

El energetizador

Habilidades para estudio en casa

Memoria y pensamiento abstracto

Integración de lenguaje silencioso y habilidades de visualización, más conocidos como pensar

El lenguaje silencioso es necesario para interpretar conceptos abstractos y para procesar el lenguaje una vez que el vocabulario para la lectura excede el vocabulario hablado (a nivel de sexto grado). Las informaciones visual y auditiva tienen que estar integradas para permitir el almacenamiento de información como memoria a corto plazo para uso analítico y la recuperación de información de la memoria a largo plazo para la expresión verbal.

Gateo cruzado, p. 3.
Botones de equilibrio, p. 64.
Puntos positivos, p. 77.
Rotación de cuello, p. 17.

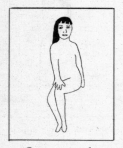
Gateo cruzado

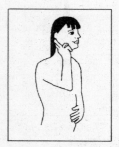
Botones de equilibrio

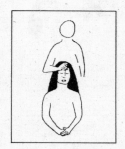
Puntos positivos

Rotación de cuello

Pensamiento creativo

La integración de lo que presentan otros con nuestra propia vida e ideas

El enfoque, atención y concentración requieren integración de las experiencias vividas anteriormente (reales, imaginarias o indirectas) y de la nueva información (recibida por la parte posterior del cerebro y expresada en lenguaje a través de la parte anterior del cerebro) de tal manera que lo nuevo se procesa y se almacena como conocimiento personal.

Gateo cruzado, p. 3.
Cualquier actividad de estiramiento, pp. 33 a 51.
El energetizador, p. 27.
La mecedora, p. 19.

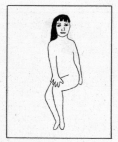

Gateo cruzado

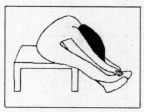

Balanceo de gravedad

El energetizador

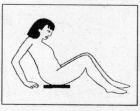

La mecedora

Lectura rápida

Habilidades de hojear y registrar más accesibles

En la lectura rápida uno pasa por alto tantos procesos lineales como sea posible mientras sigue incorporando activamente la información. Hojear es la exploración de la página impresa para lograr material significativo mientras que se "salta" lo redundante. Registrar es la revisión de datos para lograr información anticipada como nombres o fechas. El lector rápido hábil varía su velocidad de acuerdo con el estilo del escrito y del tema.

Ocho perezoso, p. 5.
Gateo cruzado, p. 3.
El búho, p. 35.
Cualquier actividad de estiramiento, pp. 33 a 51.
Bombeo de pantorrilla, p. 43.

Ocho perezoso

Gateo cruzado

El búho

Activación de brazo

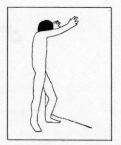

Bombeo de pantorrilla

Presentar exámenes

"Relajar las mariposas"

La información que ha sido aprendida o experimentada se almacena en los centros de memoria a largo plazo del cerebro. La habilidad para recuperar y usar esta información especialmente en una situación que pone a prueba nuestras habilidades y destrezas, requiere enfoque y presencia sin confusión, ansiedad o distracción.

Agua, p. 55.
Ocho perezoso, p. 5.
Botones de Tierra, p. 61
Botones de espacio, p. 67.
Ganchos, p. 75.
Gateo cruzado, p. 3.

Agua

Ocho perezoso

Botones de Tierra

Botones de espacio

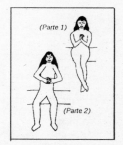

Ganchos

Gateo cruzado

Ecología personal

Productividad con el teclado y la pantalla de vídeo

Habilidad para lograr la homeostasis

Para el individuo sensible, los medios electrónicos pueden agravar el estrés de tipo visual, auditivo y psicológico. La pantalla de video ofrece sólo un plano visual, limitando el uso de la visión binocular, percepción profunda y visión periférica. El constante murmullo de muchos aparatos "apaga" muchas habilidades auditivas mientras que el campo electromagnético de equipos controlados por radio pueden afectar negativamente los meridianos corporales.

Ganchos, p. 75.
Rotación de cuello, p. 17.

Ganchos

Rotación de cuello

Viajes en carro, autobús o avión

Cruce de la línea media en movimiento

El cuerpo tiene que conservar su sentido de equilibrio en un vehículo en movimiento compensando con el oído interno para el movimiento de izquierda a derecha, de atrás a adelante, o de lado a lado. La visión binocular y la percepción profunda pueden afectarse por este movimiento.

> Botones de equilibrio, p. 64.
> Ocho perezoso, p. 5.
> Puntos positivos, p. 77.
> Ganchos, p. 75.
> Rotación de cuello, p. 17.
> Sombreros de pensamiento, p. 72.

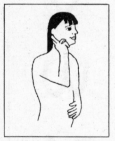

Botones de equilibrio

Ocho perezoso

Puntos positivos

Ganchos

Rotación de cuello

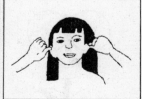

Sombreros de pensamiento

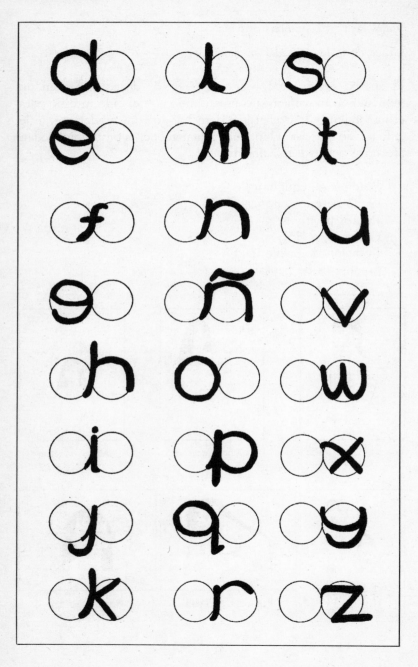

Apéndice

Hacia un aprendizaje integrado, eficaz, pleno, fascinante y significativo

Cristina Pruneda
Entrevista al Dr. Paul E. Dennison, publicada en Australia

¿Cuál es la razón por la que el movimiento corporal permite que ocurra el aprendizaje?

Afirmamos que el movimiento corporal es la puerta de entrada al aprendizaje porque es la forma natural en que los niños aprenden. Los niños sanos se mueven. Por alguna razón, el movimiento de los músculos activa al cerebro e inicia los conductos neurológicos y la mayor parte del proceso de aprendizaje. Los niños se mueven e imitan, saben cuán importante es repetir las cosas, especialmente mediante el movimiento corporal. Por lo tanto, tener niños inmóviles, ya sea sentados o de pie, realmente implica un daño, ya que impide que ocurra una buena parte del aprendizaje. Para que el aprendizaje sea completo necesitas moverte. Puedes memorizar mucha información, pero ello no es un aprendizaje auténtico, no es verdaderamente útil pues te ves imposibilitado a hacer algo con los datos. Para aprender realmente bien, necesitas sentir este aprendizaje en tu cuerpo y tus músculos: el aprendizaje necesita de asociaciones encarnadas en el cuerpo mismo.

¿A quién beneficia la Gimnasia para el cerebro? ¿Única-mente a los niños?

Está dedicada al desarrollo integral del niño y a introducir este sistema en las escuelas. Sin embargo, contamos con un programa muy especializado y tecnologías muy elaboradas para ayudar a los adultos. De hecho, la mayor parte de las personas con las que trabajo son adultos, y en lo que se refiere a los niños, trabajamos con los padres, siempre que sea posible, lo cual tiene efectos muy benéficos. La Gimnasia para el cerebro es para todas las personas. Si todo el mundo acudiera a nuestra consulta con la mentalidad de un niño de siete años y totalmente listo y receptivo al aprendizaje, sería fantástico. El aprendizaje significativo se logra jugando, por lo que solicitamos a los adultos que jueguen con la Gimnasia para el cerebro.

Paul, ¿cuáles son las funciones neurológicas de nuestro cuerpo que hacen que el movimiento sea un componente fundamental del aprendizaje?

El cerebro vive múltiples estados de desarrollo, y en su momento inicial, lo único que hay es movimiento. El movimiento es vida, las células se mueven y el niño se mueve. En Gimnasia para el cerebro hablamos mucho del Cerebro Triuno. La primera parte del cerebo es para los movimientos reflejo, para sobrevivir durante el parto y el primer año de vida. A partir de este momento, se desarrollan conductos neurológicos cada vez más complejos. Emitimos sonidos para activar los músculos, después desarrollamos el lenguaje. Así, la evolución misma del cerebro a través de millones de años hasta su nivel racional y lingüístico, reside totalmente en los músculos.

Fueron los músculos los que crearon al cerebro, no al revés. Y todos los niños deben alcanzar este recuerdo primordial y reaprender a aprender, tal como lo hicimos en las fases más orgánicas o primigenias de nuestra especie.

Mencionaste al Cerebro Triuno. ¿Qué impacto tiene un Balanceo de Edu-K / Gimnasia para el cerebro en todos los aspectos del Cerebro Triuno?

El Cerebro Triuno representa las tres partes de nuestro cerebro. El Tallo o Cerebro reptiliano es la capa cerebral que se desarrolla primero. Evoluciona a partir de nuestros movimientos reflejo, de cómo aprendemos a respirar y a movernos, así como del desarrollo de todos nuestros sentidos. Es entonces cuando se desarrolla el segundo cerebro, llamado Mamífero, correspondiente a estos seres vivos. Este cerebro nos permite jugar e interactuar con el mundo. Corresponde a las actividades que realizamos con las manos, al tacto, al uso de juguetes y al juego con los demás; aprendemos con este cerebro a convivir en grupo, a lidiar con la sociedad. Aquí es donde aprendimos a amar y a sentir, a manejar nuestras emociones. Esta parte del cerebro es crucial, porque organiza al todo cerebral. Sin cerebro medio, y lo que llamamos el funcionamiento del Sistema límbico, no podría ocurrir ningún tipo de aprendizaje. Todo lo que aprendemos tiene que "pasar" por esta parte del cerebro mediante una asociacion de un sentimiento o de un movimiento.

Construimos nuestra experiencia del pasado conforme agregamos nuevas experiencias. Es entonces cuando se desarrolla la siguiente parte del cerebro: la Corteza, el Cerebro neo-mamífero o Neocorteza. Esta es la región que la mayor parte de las personas asocian con la materia gris. Aquí realizamos los razonamientos abstractos, el pensamiento, el lenguaje y la comunicación. Debido a que utilizamos este cerebro más conscientemente, pensamos que éste es "el cerebro" y que todas nuestras acciones son racionales. Como si sólo tuviéramos que decidir hacer algo para poder entonces hacerlo. No nos damos cuenta de que los cerebros más primitivos están funcionando constantemente y que realmente pueden controlar nuestro comportamiento, rebasando o cooptando al cerebro racional.

Así, el funcionamiento del tallo cerebral ocurre por reflejo. Se le llama reptiliano porque funciona por debajo del nivel del sentimiento. A menudo toma decisiones que son "de sangre fría".

La siguiente capa del cerebro, la mamífera, gobierna las reacciones de tipo amor-juego, o el reflejo de "lucha o huída", para escapar o salir rápidamente de alguna situación. Estas respuestas son más emocionales.

Todos nuestros comportamientos necesitan estar equilibrados. Deseamos estar en contacto con todos nuestros cerebros. También con nuestros sentimientos, con nuestros cuerpos y con nuestros movimientos. Y necesitamos ser racionales, articular bien los conceptos y aprender. Cuando todos estos elementos colaboran armoniosamente, gozamos de un rendimiento y actuación cerebrales óptimos e integrales: los talentos y capacidades de los tres cerebros operan en una forma integrada.

Por tanto, tenemos dimensiones en Edu-K donde las personas aprenden cómo enfocar su atención (la dimensión del enfoque), a equilibrar sus reflejos, a distanciarse de una situación con el propósito de dirigirnos hacia ella (abstraernos) –dimensión de la lateralidad– y a lograr una sensación de arraigo mediante la dimensión del *centraje*, lo cual nos abre opciones distintas a la del ataque o la huída. Podemos tener un mejor contacto con la tierra y sentirnos sólidos, en conexión con nuestros cimientos, al tiempo que pensamos racionalmente y nos comunicamos. En Edu-K hemos desarrollado un sistema increíble para lograr que ojos, oídos y manos trabajen juntos, haciendo que el aprendizaje sea divertido, fluido y se logre sin esfuerzo, lo cual en sí, es signo de un rendimiento cerebral total.

¿Cuál es la visión de la Kinesiología Educativa / Edu-K?

Conforme ingresamos en el nuevo milenio, en nuestra visión están personas que vivan, amen y aprendan en forma integrada. Equilibrar todas las tecnologías disponibles con el hecho de habitar nuestros cuerpos. Utilizar los increíbles cuerpos que tenemos para que las profecías que vaticinan seres robóticos con cerebros gigantes y cuerpos atrofiados no se cumplan. Por ello, todos los sistemas educativos que nos hacen aterrizar en nuestra conciencia corporal, en la interacción con los demás y con el juego, me entusiasman. Me aterran las historias de personas que pasan el día sentadas desempeñando funciones en el mundo virtual. Y es muy emocionante ver a las personas descubrir el poder que reside en sus propios cuerpos y que empiezan a desempeñarse mejor. Es muy emocionante, por ejemplo, ver niños que saben cuándo apagar la computadora y se dan un momento para re-equilibrarse; que beben suficiente agua y que hacen lo justo para lograr aprendizajes plenos, eficaces y placenteros.

Tenemos Edu-K en los deportes y en los negocios, y cada vez más, nos introducimos en todos los estilos de vida. Una vez que las personas tienen la experiencia propia de los beneficios de Gimnasia para el cerebro, aman nuestro trabajo. Hemos desarrollado distintas formas para dirigirnos a los diversos públicos, y nos encontramos con que las personas siempre necesitan de estas herramientas básicas. Por lo general, jamás han escuchado de algo parecido a la Gimnasia para el cerebro, por lo que cuando aprenden nuestros ejercicios de integración psico-motora se sienten muy agradecidos. Y lo que es mejor: continúan con la práctica de Edu-K. La gente quiere herramientas que funcionen y la Kinesiología ofrece un lenguaje que nos permite interactuar con ella. Y sin importar en qué consita la Kinesiología, lo que resulta más maravilloso es que unos pueden ayudar a otros, escuchar la historia de alguien en dificultades y proporcionarle los medios para superarlas.

La escucha y el cuidado de los otros son ingredientes esenciales en en desarrollo de la práctica de Edu-K. Y pienso que esto es lo que hace que funcione la Kinesiología Educativa. Mucha gente piensa que es su propia manera de hacer las cosas la que funciona, que es una técnica en particular la que da los mejores resultados, pero después de una práctica de muchos años, te puedo asegurar que no todo es técnica. El éxito reside en el amor, y si hay amor, logramos buenos resultados.

Garabato doble: una ventana a la visión holista del cerebro

Gail. E. Dennison

Petición a quienes supervisan la educación

Me dirijo a todos mis amigos de la juventud, a quienes suplico ser compasivos ante mi infortunado destino, de modo que pueda hacer a un lado los prejuicios de que he sido objeto. Somos hermanas gemelas, igual que los ojos del ser humano, no habría mayor semejanza ni seríamos capaces de estar en mejores términos si no fuera por la parcialidad de nuestros padres, quienes han hecho la más injuriosa diferencia entre ambas.

Desde la infancia, he sido inducida a considerar que mi hermana tiene un nivel más alto de educación. He crecido con el sufrimiento de no ser tomada en cuenta, mientras que a ella nada le era negado para su instrucción. Tuvo maestros para enseñarla a escribir, dibujar, ejecutar música y otros logros pero, si por casualidad yo tocaba un lápiz o una aguja, era reprendida y, en más de una ocasión, golpeada por ser torpe y desear ser agraciada.

¿Deberían nuestros padres arrepentirse por haber hecho una diferencia excesiva entre hermanas tan perfectamente iguales? Es una lástima que deba sucumbir ante tal congoja, pues no estuvo en mí poder siquiera garabatear una súplica para pedir alivio...

Pido al lector sensibilizar a mis progenitores sobre la injusticia debida a su cariño parcial y de la necesidad para que distribuyan su cuidado y afecto entre sus dos hijas por igual.

Quedo con profundo respeto, su obediente servidora,

La mano izquierda

Escrito por Benjamín Franklin, estadista estadounidense, filósofo, escritor e inventor, quien propuso incluir el uso de ambas manos en la educación. (En The Power of Your Other Hand: A Course in Channeling the Inner Wisdom of the Right Brain, *Lucía Capacchione, Newcastle Publishing Co., Inc., California, 1988.*)

En 2001 y 2002, durante cuatro talleres de arte impartidos después de clases en el condado de Ventura, en California, tuve el gran placer de familiarizar a niños entre 7 y 12 años con la experiencia artística que es el *Garabato doble*. Describiré dos agradables ejemplos de lo que los niños produjeron.

Las sesiones iniciaban con el dibujo del *Garabato doble*, primero en el aire y después en grandes hojas de papel periódico; después hacíamos los *Ochos perezosos* para destacar la diferenciación manual, así como la utilización de las dos manos de manera recíproca. Con los alumnos mayores fuimos agregando una vez por semana durante las primeras cuatro, y de uno en uno, los cuatro movimientos de la gimnasia del cerebro que conforman el PASO (vea la página 81).

El objetivo de las sesiones era divertirse, descubrir qué nos llamaba visualmente la atención y aprender a notar cómo era nuestro nivel de tensión o relajación, especialmente en nuestros ojos y manos. Todos los estudiantes habían desarrollado la destreza manual y todos eran diestros. Los participantes sobrepasaron mis expectativas en cuanto a la eficacia de los programas, criterio que incluía demostrar confianza para disfrutar distintos materiales de dibujo (crayones, marcadores, acuarelas) y descubrir nuevos modos para utilizarlos, así como en mostrar el progreso en la habilidad para:

- Verbalizar experiencias visuales acerca del arte (esto muestra mejoras en la comunicación verbal).
- Percibir patrones de forma y distinguir líneas, así como capturarlas en papel (muestra mejoras en la percepción visual y espacial).
- Crear de manera espontánea imágenes y líneas fluidas, más que dibujar líneas de modo fragmentado y analítico (muestra mejoras en creatividad y coordinación mano-ojo).
- Utilizar simultáneamente ambas manos para dibujar o pintar (muestra la capacidad de tomar riesgos, y una mejorada integración visual y de los hemisferios).

- Yuxtaponer, en la misma página, imágenes globales y detalles finos (muestra una mejora en la integración de los hemisferios).

Desde el primer día, varios alumnos estuvieron encantados con la versión ambidiestra del Garabato doble, y practicaron dibujando imágenes basadas en el Garabato doble y los Ochos perezosos: elección que significaba dejar de controlar el movimiento de la mano para usar movimientos más fluidos. Algunos alumnos tomaron el lápiz o el crayón con más soltura cuando colocaron el papel al centro del campo visual y escribieron con mayor facilidad, lo cual indica una mejor vista binocular. Pude notar que había más exploración espontánea del campo visual medio que, junto con otros cambios inmediatos en dichos alumnos, me ayudó a percibir el valor del garabato doble como una manera juguetona de satisfacer un gran número de necesidades visuales y perceptivas.

Mi trabajo con Paul sobre la visión temprana

El trabajo con aquellos niños fue para mí como una recompensa por los años que había dedicado a investigar sobre la vista a través del arte y mis experimentos con el movimiento. Cuando mi esposo, Paul Dennison, y yo comenzamos a trabajar juntos en 1983, las innovaciones en el área de la vista fue lo que más profundamente me conmovió. Como había estudiado durante un largo tiempo cómo mejorar la visión natural, me sentí muy atraída hacia el nuevo modo de pensar de Paul sobre la destreza visual basada en la integración del cuerpo. En los primeros días, utilizábamos con frecuencia los procesos que él había desarrollado para entrenar la vista, mientras sondeábamos ideas y poníamos en práctica el balanceo.

Tras dos años de enseñar Edu-K con Paul —y practicar docenas de distintos balanceos relacionados con la vista— comencé a notar modelos en mi propia visión que quise explorar: en especial los relacionados con la habilidad manual. También tenía la intención de ayudar a Paul a organizar y poner por escrito la vasta información con que contaba acerca de la vista. Me parecía importante identificar las características significativas de los distintos procesos visuales y coordinar éstas como habilidades académicas y de la vida diaria. En 1985 lo que surgió de nuestra exploración y mi esfuerzo por sistematizar las áreas específicas en que las personas tienen un crecimiento al realizar el balanceo, fue el curso sobre Visión Creativa.

El trabajo sobre los Círculos de visión que comencé en 1985 y presenté por vez primera en 1986 conforman mi segunda recopilación del material: en un formato más accesible, bastante más extenso y con marcada influencia de mi investigación personal y experiencia de vida. Lo que no pude ver en ese momento era la manera en que tal exploración habría de activar mis propias compensaciones visuales y reverberar en todas las áreas de mi vida.

Trascendiendo patrones de supervivencia

No pasó mucho tiempo para que me diera cuenta de que los patrones de movimiento que yo misma utilizaba al leer –para almacenar e interpretar información– estaban intrincadamente ligados a mi sistema de supervivencia; de hecho, habían puesto en riesgo mi respuesta de supervivencia, desviándola de su verdadero sentido: ayudarme a interactuar de manera segura en un mundo tridimensional. El proceso de seguir una línea impresa –o de pensar de manera lineal– se había convertido en sí mismo en un reflejo de supervivencia. El aspecto de mi cerebro y su funcionamiento lineal, lingüístico y temporal dominaban mi cerebro espacial, tridimensional, al grado de que cada vez me resultaba más difícil dejar de leer o pensar, relajarme y sólo estar.

Conforme el balanceo me permitía percibir un incremento en mis aptitudes kinestésica y táctil mediante mi sistema visual, mi amor por la belleza adquirió una dimensión más amplia. Descubrí que mis ojos formaban nuevas relaciones con todo aquello que veían. Comencé a usar los ojos como umbral hacia el deleite de los sentidos: podía elegir observar lo que me hacía sentir más alegre, clara, amorosa, y lo que me generara placer y una enseñanza más profunda. Podía elegir mirar desde una perspectiva de cooperación e interrelación, más que desde la mera supervivencia. Era mi elección sentir mi vivacidad –mi animación y resonancia– en este mundo bello, nutriente y tridimensional en que vivo y respiro. Ocasionalmente, la vieja sensación me detenía, haciéndome retroceder una y otra vez en un estado de temor y análisis, cuando evitaba sensaciones de incomodidad asociadas con afianzarme en mi centro y en la tierra.

Ambidextralidad: una fuente arcaica

El Garabato doble es uno de los movimientos de la Gimnasia para el cerebro al que recurro frecuentemente, cuando quiero volver a utilizar la visión que integra los dos hemisferios cerebrales y aprender más de ella. El Garabato doble es una actividad sencilla, pero multidimensional, que me permite compartir algo de lo que he aprendido sobre la destreza visual. Paul había comenzado a usar también el dibujo doble como una actividad más en sus centros de enseñanza alternativa (Valley Remedial Group Learning Centers) en 1973, cuando descubrió la labor del doctor G.N. Gettman, autor de los libros *How to Develop Your Child's Intelligence* y *Smart in Everything Except School*. El primero destaca que el uso de ambas manos juntas no sólo promueve una visión sana de los dos ojos, sino que también apoya el desarrollo cooperativo de los dos hemisferios cerebrales. Las actividades de dibujo bilateral que Gettman presenta son muy específicas: una mano sigue un diseño impreso y la otra copia el trazo.

Considere el lector que, durante millones de años, la destreza humana en el uso de las dos manos en el contexto de un movimiento completo del cuerpo para la interacción con otros objetos era parte crucial de la vida: habilidad de la cual dependían tanto la salud como la supervivencia. En un mundo orientado hacia lo mental y altamente competitivo, lo abstracto y la simbología para codificar y decodificar usados en la lectura, la escritura y el pensamiento no eran necesarios para sobrevivir. Considere las actividades que involucraban ambas manos, como alcanzar y abrazar, jugar o alimentar. Piense cómo es sembrar un jardín, cosechar frutos o vegetales o encender fuego. Traiga a la mente la sensación kinestésica de partir zanahorias, de preparar un alimento y comerlo. Recuerde lo que sentía al jugar o hacer un deporte, moldear barro o tocar guitarra. Considere los bellos diseños de Garabatos dobles que encontramos en la artesanía hogareña de antaño, como los mosaicos, las sobrecamas, los encajes o la cestería.

Placeres tan vivificantes como crear algo bello o abrazar a un hijo de manera natural invitan al uso de ambas manos y ojos, unidos en un sinergismo dinámico. Manos y ojos toman turnos para guiarse y coordinarse, involucrando los dos hemisferios en una interrelación que provoca el aprendizaje y la diversidad, más que el conflicto y la parcialidad.

Haciendo contacto con el mundo

¿De qué manera podemos ayudarnos –a nosotros y a nuestros jóvenes– a hacer un uso amoroso de nuestros ojos y manos? Si consideramos el desarrollo infantil, podemos ver la importancia de los reflejos bilaterales y homólogos de manos y pies que ocurren de manera natural. Por ejemplo, imagine a un bebé acostado sobre el estómago, empujando con sus dos manos para levantar la cabeza y el pecho; o extendiendo sus brazos para que un adulto lo cargue. Tales movimientos, originados en el centro del cuerpo, incluyen el campo visual medio y, quizá, el cuerpo entero, extendiéndose hacia las manos como puntas terminales o "puntos de presión", para hacer contacto con el mundo. En su libro sobre la inteligencia natural y la integración de mente y cuerpo con el desarrollo humano (*Natural Intelligence: Body-Mind Integration and Human Development*), Susan Aposhyan, psicoterapeuta dedicada al cuerpo-mente como un todo, describe la manera en que estos dos impulsos duales de las manos denotan relación, sea para establecer límites o hacer contacto íntimo. Dichas actividades que involucran a ambas manos nos enseñan a movernos e interactuar desde el centro del cuerpo.

Cuando uno hace el garabato doble, progresa de manera natural de una a otra destreza del desarrollo. Primero, la actividad de empujar y alcanzar realizada por la parte superior del cuerpo activa nuestro centro. La organización lateral del cerebro ocurre al coordinar ambas manos, conforme una mano aprende a guiar y la otra a seguir y colaborar. Puede seguir la coordinación visual, con las manos guiando a los ojos, y luego, quizás, la coordinación mano-ojo, en que los ojos repasan la imagen y aportan a las manos la siguiente acción.

He encontrado que la actividad del Garabato doble es adaptable e invita a una integración lúdica para personas de cualquier edad y habilidad, pues uno no necesita haber desarrollado la destreza manual para llevarla a cabo. Me gusta empezar haciendo los Garabatos dobles en el aire o sobre alguna superficie con textura (tela, pasto, arena, arroz, o en la espalda de un compañero) y después trabajar en la "especialización" de Garabato doble sobre papel, utilizando materiales como pintura digital o de almidón. Cualquiera que pueda mover sus dedos sobre un papel puede hacer el Garabato doble y deleitarse con él: hacer los diseños provoca un gran placer y no induce a la competencia. El movimiento es calmante y rítmico; genera espontaneidad y es divertido hacerlo con música de fondo.

Una vez establecidas las destrezas para sujetar un lápiz, el Garabato doble puede reducir la tensión de la mano, muy común en los niños de primaria. Puede ayudar a establecer la visión binocular, y facilita el cambio de la visión centralizada a la periférica y viceversa. Al trazar el contorno de un objeto simétrico (un tazón, jarra o juguete), una persona puede explorar la integración de la facultad táctil con la percepción kinestésica de movimiento y forma del cuerpo.

Para los niños mayores, el Garabato doble es altamente adaptable para utilizar crayones, marcadores y acuarelas. Los niños pueden aprender a observar y copiar diseños con habilidad, desarrollando discernimiento tanto kinestésico como visual, conforme identifican las distintas formas –de nuevo, utilizando operaciones concretas que aumentan las destrezas visuales y de lenguaje.

El movimiento manual del Garabato doble nos da tiempo para enfocarnos en la sensación armoniosa o eurítmica del movimiento simultáneo de las manos y los ojos. Las formas, angulares o fluidas, del movimiento recíproco de las manos se hacen más evidentes. El campo medio del cuerpo, donde la visión binocular y la ambidextralidad se sienten con mayor intensidad, se hace más palpable conforme negociamos la línea media.

El Garabato doble, igual que los Ochos perezosos, promueve el movimiento calmante y sacádico de los ojos, que tanto necesitamos, dado el estilo de vida del mundo actual –por ejemplo, las constantes fluctuaciones oculares que ocurren cuando observamos con detenimiento y receptividad las hojas de un árbol movidas por el viento. Además, la actividad motora vertical y horizontal de la parte superior del cuerpo necesaria para hacer el Garabato doble aumenta la sensación de estar bien parados en la tierra; también, oxigena el cuerpo y mejora el flujo linfático.

He visto que el Garabato doble es la introducción ideal para "mini lecciones" sobre tamaño, peso, forma y dirección, los cuales pueden ser vividos y traducidos a una imagen en papel. Todo este juego alrededor de la línea media contribuye a incrementar las conexiones neuronales y al desarrollo de influencias positivas en cuanto a destrezas visuales y habilidades de lenguaje; asimismo, da un sentido general de tranquilidad en el trabajo del campo visual medio. Ofrece una manera óptima de "jugar con papel" que puede preparar al infante a sentirse cercano al uso del papel y lápiz antes del aprendizaje unilateral de la mano.

Considere el lector la naturalidad con que emergen las imágenes en una exploración de formas alfa o "tipo a" (lado derecho del cerebro). ¿Cuáles formas podríamos explorar conforme movemos nuestras manos hacia arriba, hacia afuera y en círculos (una manzana, naranja, pera; una pelota; ruedas)? Durante los talleres de arte que impartía después de clases noté en mis alumnos un fluido movimiento en espiral, facilidad para los movimientos oculares sacádicos y las cualidades de maleabilidad y expansividad mientras los jóvenes hacían dichas formas. Ahora considere una exploración de formas beta. ¿Cuáles son algunas de las formas beta o "tipo b" (lado izquierdo del cerebro) que podríamos explorar conforme movemos nuestras manos hacia abajo, hacia afuera y cruzan (líneas, ángulos; tijeras; una mesa)?

Noté, en los niños, que aumentó el número de veces en que fijaban la vista y que contraían los músculos en la mano y antebrazo mientras hacían dichas formas.

Durante las sesiones que teníamos después de clases, observé a varios alumnos aprendiendo a igualar patrones mientras copiaban imágenes en el Garabato doble. Algunos aprendían a seguir de manera metódica el "modo sentido" –el sentido kinestésico– del contorno de un objeto. Otros iban más allá para explorar una organización más compleja de formas. Y un número pequeño, descubrió el pensamiento de orden elevado necesario para la improvisación, y el gozo puro de la creatividad que de ella se deriva.

Partes de este texto fueron publicadas en el manual *Edu-K Gathering Conference Manual*, publicado por IAK GMBH en Freiburg, Alemania, 2001.

Atendiendo necesidades especiales en Nicaragua

Katherina Pfoertner

En años recientes, el gobierno de Nicaragua ha promovido de manera activa programas diseñados para apoyar a niños y adultos jóvenes diagnosticados con desórdenes mentales o discapacidades físicas. Soy maestra en Los Pipitos, un centro especializado que fue diseñado a partir de dicha visión, y localizado en Esteli. En mayo de 1994 asistí al primer taller de Gimnasia para el cerebro en Nicaragua conducido por Ilse Jakobovits, enfermera diplomada e instructora visitante. Después del taller de Ilse comencé a utilizar la Gimnasia para el cerebro en mi trabajo en Los Pipitos y también a enseñar las técnicas a los demás maestros. En junio de 1996 me convertí en instructora de Gimnasia para el cerebro y desde entonces he enseñado Edu-K tanto como me ha sido posible. Poco tiempo después, varios representantes del gobierno nicaragüense asistieron a una de las sesiones de Ilse, y recientemente, el Ministerio de Educación expresó su deseo de incluir el método Edu-K como parte del sistema educativo.

Hemos utilizado la Gimnasia para el cerebro en Los Pipitos desde 1994 en grupos de personas diagnosticadas con diversos desórdenes mentales, emocionales y físicos. Fue evidente la manera en que las actividades de la gimnasia mejoraban el funcionamiento y calidad de vida de ese tipo de estudiantes. Dado el gran número de personas que asisten al centro de Los Pipitos, nos es imposible dar consultas privadas o hacer balanceos privados. Sin embargo, damos asesoramiento personal inicial y seguimiento mediante una evaluación bienal del progreso de cada estudiante. Los participantes aprenden muy bien las actividades de la Gimnasia para el cerebro; cuando llega un nuevo integrante es asistido por los otros niños y adultos y, conforme adquiere experiencia, el ciclo del trabajo conjunto continúa.

Nuestro programa atiende tres grupos de edades distintas. Todas las mañanas nos reunimos con el primer grupo, cuyo rango de edad es de 16 a 35 años, y trabajamos en aumentar su auto-estima y ofrecer habilidades básicas en el trabajo. El segundo grupo, niños y niñas de 5 a 15 años, se reúnen con nosotros una tarde por semana para jugar y aprender habilidades académicas –lo que llamamos *trabajo de recreación educativa*. Con el tercer grupo, infantes de 4 años y menores, nos centramos en la integración de las habilidades experimentales. Más adelante detallaré los resultados de nuestro trabajo con los primeros dos grupos.

Además de guiar el progreso individual de los niños, también ayudamos a realizar cambios positivos en la dinámica familiar. En las primeras etapas, era común encontrar resistencia por parte de los padres y de quienes cuidaban a los infantes. Por vergüenza, algunas personas se habían acostumbrado a ocultar en casa a sus hijos. Una parte fundamental de nuestro trabajo es alentar a dichos padres y familiares a acompañar a sus hijos al centro para que aprendan a jugar e interactuar con ellos. Fue un arduo trabajo convencerlos de que nuestro programa en Los Pipitos ofrece verdadera esperanza, aunque algunos de ellos se han involucrado activamente, incluso practican los movimientos de *Gimnasia para el cerebro* con sus hijos en sus hogares.

Adultos jóvenes que desarrollan destrezas de vida

La mayoría de los veintiocho adultos jóvenes que participaron en una sesión sobre autoestima habían tenido una infancia difícil. Muchos habían sido abandonados; otros habían sido encerrados o explotados por su familia. Nuestra meta en Los Pipitos es ayudar a dichos individuos a desarrollar un sentido de autosuficiencia y respeto a ellos mismos, y al mismo tiempo enseñarles habilidades prácticas e higiene personal. Quienes toman lecciones de autoestima se reúnen todas las mañanas de 8:00 a 11:30. Empezamos la sesión con actividades de *Gimnasia para el cerebro* para mejorar la atención y la coordinación, para facilitar las lecciones de cocina, costura, actividades manuales o de agricultura. Los participantes preparan sus propias comidas, y después disfrutan un tiempo de recreo y entretenimiento.

Incorporamos *Gimnasia para el cerebro* como actividad regular al lado de actividades con otros enfoques, como el programa de terapia ocupacional, el cual provee estimulación sensorial a través de la música y las artes plásticas. La *Gimnasia para el cerebro* tiene un efecto positivo en el desarrollo de los estudiantes en Los Pipitos. Sus experiencias demuestran un patrón de éxito que es una constante en nuestro trabajo, aunque para cada individuo y su familia represente no menos que un milagro. Algunas de sus historias son las siguientes:

G.T. acudió a nosotros con un diagnóstico de retardo mental profundo. A la edad de 28 años era extremadamente tímida. No podía hablar ni relacionarse socialmente. Era incapaz de expresar sus deseos. Al principio, no podía incluso sostener un lápiz. Durante los primeros dos años trabajamos con G.T. una vez por semana. Después lo hicimos diariamente durante más de dos años. Actualmente asiste todavía al Centro y es capaz llegar en autobús por sí misma. Hoy en día, G.T. es una persona comunicativa, y expresa sus sentimientos, tanto verbalmente como por medio de gesticulaciones. Traza y colorea dibujos sencillos y puede llevar a cabo tareas sencillas de costura. Se ha integrado bien a su grupo.

A.I.C., de 23 años, había sido diagnosticada como hemipléjica (parálisis lateral como resultado de una lesión en el centro motor del cerebro). Cuando llegó a Los Pipitos era muy insegura en sus movimientos y con frecuencia perdía el equilibrio; algunas veces incluso se caía. También presentaba dificultad para comunicarse con algún grado de claridad. Después de participar en nuestro programa, A.I.C. parece transformada. No sólo ya no sufre caídas –ahora puede correr, brincar y bailar. Por si fuera poco, es firme al expresar sus deseos. Es sociable, participa, y le encanta platicar lo que sucede en casa.

R.P.G. comenzó a acudir al Centro en 1992, a la edad de 18 años; la habían diagnosticado con retraso mental; también mostraba características de autismo. En esa época, sus movimientos no tenían dirección ni propósito, y su conducta era con frecuencia autodestructiva. Cuando hablaba, lo hacía sin aparente deseo de comunicar. Parecía vivir en un mundo propio, desconectada de la realidad externa. Para 1994 había progresado bastante como para ser incluida en nuestro programa de autoestima. Hoy en día, R.P.G. es una integrante más y no muestra ningún signo de agresión a sí misma. Participa en todas las actividades grupales, y se dirige directamente a los demás, tanto al preguntar como al responder. Le gustan, en particular, las artes y manualidades; crea hermosos objetos de barro.

A la edad de 23 años, S.E.T. vivía en la calle. Cuando se unió a nuestro programa, en 1995, había sido diagnosticada con retraso mental y exhibía ciertos problemas de conducta. En ese tiempo, ella no tenía coordinación física y, a menudo, parecía desorientada en su entorno. Con frecuencia se caía. En Los Pipitos, S.E.T. aprendió nuevos hábitos de cuidado a sí misma y ahora es una persona de aspecto pulcro y aseado. Las actividades de *Gimnasia para el cerebro* la ayudaron. Ahora puede caminar sin caerse, y nunca se pierde una clase. Lo mejor de todo es que ha retornado a casa con su madre, quien ya puede aceptarla.

M.J.A. sufre de artritis juvenil, por lo que debe usar silla de ruedas. Cuando acudió a nosotros en 1994, a la edad de 23, podía leer y escribir, pero no era capaz de levantar los brazos o hacer algún tipo de trabajo físico. Hoy en día es bastante más autosuficiente y ha aprendido a empujar su silla con los pies. Es capaz de trabajar con la habilidad de supervisar a otros grupos en el Centro; en casa prepara sus propios alimentos y realiza trabajo de cuidar niños pequeños. Ella tomó todo el curso de *Gimnasia para el cerebro* en 1997 y fue una alumna sobresaliente.

Educación recreativa para niños

Una tarde a la semana, entre las 2:00 y las 5:00, nos reunimos para una sesión de educación recreativa con aproximadamente 80 niños y niñas con diagnósticos de diversos desórdenes. Comenzamos con las fases de integración y dar la bienvenida, presentando el PASO y dos actividades de *Gimnasia para el cerebro* relacionadas con el tema de la semana (por ejemplo, mejorar la concentración). La segunda fase es un período de actividad motora gruesa. Trabajamos con una metodología que destaca la estimulación de la percepción y la coordinación mediante un entrenamiento psicomotor, y música con movimiento. En la tercera fase, período de actividad motora fina, utilizamos técnicas de educación especial y terapia ocupacional para apoyar el desarrollo de la coordinación mano-ojo para realizar tareas, como pintar, pegar o cortar. Nos centramos en enseñar a los niños y niñas destrezas básicas, así como prácticas de higiene personal que promueven su independencia. A continuación describo algunos cambios maravillosos que ocurrieron.

C.E.G. es un niño de 6 años que ha tenido parálisis cerebral y dificultades de lenguaje. Cuando vino a Los Pipitos en 1993, era incapaz de caminar o hablar y no podía entender instrucciones. Participaba en el grupo de estimulación temprana y aprendió a caminar con la ayuda de un soporte ortopédico. Aunque aún no habla, participa con entusiasmo en las actividades de educación recreativa.

Cuando J.A.Z. llegó al Centro, en 1992, tenía 16 años y su diagnosis era síndrome de Down. Caminaba con dificultad, no hablaba y tampoco seguía instrucciones. Su único interés era jugar con autos pequeños de juguete y a la pelota. J.A.Z. logró impresionantes avances en su desarrollo gracias a su perseverancia y su compromiso con el programa. Hoy es un participante bien integrado en las actividades grupales. Comprende y responde instrucciones, y ha aprendido reglas sencillas de juego. Es capaz de comunicarse mediante signos y expresarse dibujando figuras y haciendo recortes. Ha comenzado a hablar.

R. y C.R. han sido estudiantes en Los Pipitos desde que comenzamos nuestra labor en 1992. Hermanos con edades de 15 y 17 años, respectivamente, habían sido diagnosticados con severo retraso mental, asociado con desórdenes emocional y de conducta. Cuando llegaron al Centro, R. no hablaba y se escondía del grupo. C.R. era agresivo y destructor; se resistía ante cualquier reglamento y, al igual que su hermana, no podía expresarse. Tanto R. como C.R. han mostrado un avance continuo en su desarrollo. R. se ha integrado de manera excelente: disfruta todas las actividades de grupo, especialmente en la danza. Aún presenta dificultad para entender a las personas y, a veces, evita el contacto. Sin embargo, ahora puede verbalizar sus deseos y está aprendiendo a relacionarse de mejor manera. C.R. ha tenido un progreso radical en su comportamiento. Ha desarrollado un interés por los procedimientos en distintas labores y su interacción con otros miembros del grupo es buena. Su habilidad de razonamiento ha mejorado, así como su coherencia al expresarse. Se muestra tranquilo y cooperativo con su madre y sus maestros.

M.Y.E.M. es invidente y presenta malformaciones congénitas. Cuando llegó con nosotros a la edad de 11 años, hablaba muy poco y no podía caminar sin ayuda. Era excesivamente tímida y retraída. Durante un período de dos años, M.Y.E.M. aprendió a caminar por sí misma. Los otros niños en su grupo la ayudaban con signos acústicos; ahora ella habla suficientemente bien para participar por completo en las actividades, y su personalidad jovial ha emergido. Su madre nos contó que está lista para darle más libertades y responsabilidades en casa.

L.C.V. es un chico de 8 años con síndrome de Down. Cuando llegó a Los Pipitos mostraba hiperactividad y una conducta destructiva. Era marcadamente antisocial, pues permanecía alejado del resto del grupo, y se negaba a compartir las actividades asignadas. Después de dos años en nuestro programa, ahora es capaz de asistir a una escuela especial. Habla bien, comprende las formas básicas y los colores, y le encanta jugar con otros niños. Pese a su hiperactividad, ha aprendido a controlar sus impulsos en el entorno de un grupo.

Éstos son sólo algunos ejemplos de las múltiples transformaciones que han ocurrido a partir de que *Gimnasia para el cerebro* fue introducida en Los Pipitos. Desde que la incorporamos a nuestros programas, la hemos puesto en práctica diariamente para ayudar, no sólo a los alumnos, sino también a sus familias y a toda nuestra comunidad.

Katherina Pfoertner es instructora de Gimnasia para el cerebro y educadora en Esteli, Nicaragua; es especialista en el trabajo con niños y niñas, así como adultos jóvenes a quienes les han sido diagnosticados desórdenes mentales o físicos.

Ilse Jakobovits, enfermera titulada, es instructora de Gimnasia para el cerebro en Utah, Estados Unidos; ha impartido cursos en Nicaragua, España y Chile.

Testimonios

Mi hijo Saúl tiene 11 años. Ha estado haciendo movimientos de Gimnasia para el cerebro durante los últimos dos meses en su nueva escuela y está teniendo un avance impresionante en el área académica. Al final del segundo grado, Saúl fue diagnosticado con dificultades de aprendizaje. Tenía suerte si deletreaba correctamente seis de 21 palabras en clase. La ortografía y el trabajo escrito eran para él (y para mí) una pesadilla. El estrés le producía eccemas y lloraba todos los fines de semana porque no podía hacer su tarea.

Hace poco cambié a Saúl de escuela, y la nueva usa los movimientos de Gimnasia para el cerebro de manera intensa. ¡Saúl parece otro niño! Ahora deletrear no le cuesta ningún trabajo. Termina a tiempo su trabajo escrito. Tiene buena autoestima y los problemas de la piel desaparecieron. Estoy tan impresionada con el aprendizaje de mi hijo que ahora recomiendo el programa de Gimnasia para el cerebro a todos los padres de familia que conozco.

CATY BORTHWICK, ONTARIO, CANADÁ

Fernando tenía algunas dificultades de aprendizaje que le hacían muy difíciles algunas áreas del trabajo en la escuela. Para ayudarlo, sus papás lo habían llevado a diferentes terapias, pero ninguna había logrado ayudarlo. Un sábado, Fer participó en una actividad que duró todo el día, llamada "Niños divertidos", y dirigida por mí. Allí Fernando aprendió los movimientos de Gimnasia para el cerebro.

A Fernando le gustaron mucho los diferentes "juegos de atención" que hacía con los demás niños y ese día aprendió más de 16 movimientos diferentes de Gimnasia para el cerebro: unos que ayudan cuando uno está preocupado o asustado, otros que ayudan a concentrarse cuando uno necesita aprender algo nuevo, y otros muy buenos para mejorar la memoria.

Al final del día de "Niños divertidos", Fernando estaba un poco preocupado y distraído, porque tenía un examen de matemáticas una semana después y no se sentía muy seguro de que lo aprobaría. Al final del día de "Niños divertidos", Russell le propuso a Fer que practicara los movimientos de Gimnasia para el cerebro todos los días. Y eso hizo Fer, pero algunas veces los practicaba dos o tres veces al día.

Dos semanas después, Fernando llamó a Russell, muy emocionado, y le contó que le había ido tan bien en el examen que había obtenido, por primera vez, la calificación más alta de su clase. Fernando estaba feliz de la vida, porque antes siempre obtenía las calificaciones más bajas en matemáticas. Los papás de Fernando están muy contentos por la transformación que lograron estos simples movimientos de Gimnasia para el cerebro, después de tantos años, tanta energía y tanto dinero invertidos en terapias que no funcionaron. La Gimnasia para el cerebro realmente le funcionó a Fernando.

Fernando tiene 10 años de edad y vive en México, D.F.

RUSSELL GIBBON,
DIRECTOR DE GIMNASIA PARA EL CEREBRO, MÉXICO, D.F.

Hace un año, cuando mi hijo Pedro José entró al primer grado, no tenía control de su cabeza ni de sus brazos y piernas; parecía un niño con parálisis cerebral; su vista carecía de control y no se le entendía cuando hablaba; era muy nervioso. Actualmente Pedro tiene 7 años y ya terminó el primer grado. Con la ayuda de la maestra Lupita, que le ha tenido mucha paciencia (y con los movimientos que me ha enseñado para hacer con mi hijo en las tardes), Pedro ya se comunica con un poco más de claridad, controla el movimiento de ojos, cabeza, brazos y piernas, y ya aprendió a defenderse de otros niños. Mi esposo y yo damos gracias a Dios y a la maestra Lupita que nos dirige con los movimientos de Gimnasia para el cerebro porque antes pensábamos que nuestro hijo era "enfermo mental" y nunca se recuperaría. Damos gracias al doctor Dennison y a sus ejercicios de Gimnasia para el cerebro.

ANGÉLICA CARO SILVA, MÉXICO, D.F.

Debido a que el lapso de atención de mi hijo de 11 años era demasiado corto, el médico le recetó Ritalin. Pero las actividades de Gimnasia para el cerebro le permitieron concentrarse y prestar atención sin la ayuda de químicos. Su maestra quedó asombrada con los cambios positivos e inmediatos que tuvo.

SANDY ZACHARY, DIRECTORA DE ESCUELA, E.U.A.

Había estado buscando desde hacía algún tiempo un talento particular, cuando tomé una clase de Gimnasia para el cerebro. Como parte del curso hicimos algunas actividades para estimular la escritura. Una semana después, comencé a escribir una novela... y no pude parar. Escribí noche y día hasta terminar el primer borrador, en tres semanas.

MARY L., E.U.A.

Ayuda para los pacientes de Alzheimer

Me llamaron para trabajar con un hombre de 78 años aún fuerte y bien parecido, pero que sufría de la enfermedad de Alzheimer... Trabajé con él algunas actividades de la Gimnasia para el cerebro® y Edu-K®. Después de la primera sesión de terapia, el hombre recordó el nombre de su esposa y fue capaz de reconocer el nombre de ciertos colores... Durante la tercera sesión comenzó a recordar un importante número de palabras, así como los nombres de sus hijos y, cuando le tendí la mano para despedirme, la besó con lágrimas en los ojos. Me sorprendió que hubiera recordado sus buenos modales, a lo que contestó, ante mi sorpresa: "Un hombre debe ser caballero".

SVETLANA MUSGUTOVA, TERAPEUTA

Mejora destrezas atléticas

Comencé a hacer Gimnasia para el cerebro porque había llegado a un estancamiento muy frustrante para mí en el juego de golf. No conseguía reducir más allá de 18 puntos de ventaja. Lo que necesitaba era mejorar mi nivel básico de coordinación física, y fue exactamente lo que la Gimnasia para el cerebro® me ayudó a lograr. Después de seis meses, había ganado el primero de los cuatro trofeos y reduje la ventaja a 10 puntos.

PAUL CURLEE, MÉDICO, E.U.A.

Blanca Rosa es una pequeña que ha vivido en varios países del mundo, porque su papá es diplomático. Para alguien tan pequeño, los cambios de país y casa han causado probablemente cierta confusión (los amigos de Blanca Rosa han cambiado tantas veces como su casa). A Blanca Rosa le costaba trabajo comunicarse con sus papás y sus maestros, y muchas veces se enojaba. Además pasaba del mal humor a la tristeza y de regreso la mayor parte del tiempo. Y a la hora de dormir, se quejaba y no quería irse a la cama. Casi todas las noches, lograr dormir era una batalla con sus papás. Y cuando dormía, muchas veces se despertaba a la mitad de la noche.

Gabriela, la abuela de Blanca Rosa, aprendió Gimnasia para el cerebro conmigo en la ciudad de México, y le enseñó a Blanca Rosa los diferentes movimientos. En sólo dos semanas, Gabriela descubrió cambios muy notorios en Blanca Rosa. Después de practicar la Gimnasia para el cerebro, Blanca Rosa no se resistía tanto a la hora de ir a dormir. En cambio, se siente muy contenta de ir a dormir a la hora correcta, y duerme bien, profundamente y sin interrupciones; ahora descansa mejor. Sus habilidades para comunicarse también están mejorando; tiene más confianza en ella misma, se diverte más, consigo misma, con su abuela y con la Gimnasia para el cerebro, y todo ello se refleja tanto en su comportamiento, que ahora es más calmado, alegre, menos confuso, como en una actitud más positiva hacia todos los que la rodean.

Blanca Rosa tiene 8 años y vive en México, D.F.

RUSSELL GIBBON
DIRECTOR DE GIMNASIA PARA EL CEREBRO, MÉXICO, D.F.

～◡

Hasta que tuve la experiencia de la gimnasia para el cerebro me resultaba imposible seguir una tonada. Bastó sólo una sesión de Gimnasia para el cerebro® para que finalmente pudiera cantar en público sin lastimar los oídos de los escuchas.

DONNA SEWELL, MAESTRA

～◡

Jorge llegó a mi oficina un día con su mamá, que estudia conmigo Gimnasia para el cerebro, y hablamos de las cosas que Jorge quería cambiar. Hasta ese día, Jorge se ponía muy nervioso cuando estaba en un edificio alto, como su escuela, o arriba de escaleras eléctricas o segundos pisos, y se preocupaba mucho pensando en la altura a la que estaba de la tierra firme.

Decidimos trabajar juntos utilizando la Gimnasia para el cerebro, para cambiar la manera en que Jorge reaccionaba cuando estaba en lugares más altos que el suelo. Le pregunté qué le gustaría sentir cuando estuviera en lugares altos y dijo: relajado, seguro de sí mismo, con confianza. Y analizamos la manera como se había sentido en el pasado (nervioso). Así, conocíamos el pasado y sabíamos qué futuro quería Jorge. Entonces, nos dedicamos a hacer un "Balance de Gimnasia para el cerebro", practicando diferentes movimientos que Jorge escogía del libro, y especialmente, aquellos que nos ayudan a relajarnos: Ganchos, Puntos Positivos, Botones de Tierra y tomar Agua. También, Jorge cerró los ojos y se imaginó a un amigo suyo a quien él admira mucho, y que siempre está contento y confiado cuando está a cierta altura por encima del piso. Cuando Jorge y yo terminamos el Balance de Gimnasia para el cerebro, le pedí que imaginara estar en el último piso del edificio más alto de su escuela. Cerró los ojos y lo imaginó, al mismo tiempo que practicaba los Ganchos (página 75). Me dijo que se sentía bien, y sonrió. Había perdido el nerviosismo.

He vuelto a ver a Jorge varias veces desde aquel día y él su mamá siempre me cuentan que ahora él está perfectamente tranquilo y contento cuando sube a lugares que están arriba del piso, con sus amigos, su familia, o solo.

Jorge tiene 10 años y vive en México, D.F.

RUSSELL GIBBON
DIRECTOR DE GIMNASIA PARA EL CEREBRO, MÉXICO, D.F.

Yo hago Gimnasia para el cerebro antes de cada presentación.

VALERIE MAHAFFEY, ACTRIZ GANADORA DEL PREMIO *EMMY*

Conocí a una maestra de mi área que se quejaba de la dificultad de su esposo por hablar, así como lo difícil que le resultaba encontrar el equilibrio, pues había perdido fuerza después de sufrir una embolia.

La invité a la clase 101 de Gimnasia para el cerebro y después de la segunda sesión, le sugerí que invitara también a su esposo. Fue asombroso ver los cambios ocurridos durante la sesión: el hombre comenzó a hacer el gateo cruzado sin ayuda, y empezó a hablar con más claridad... ¡estaba tan contento!

Llamé al matrimonio dos meses después para saber cómo iba el hombre, y la mujer me respondió: "No sé, me asusta. Ahora conduce el auto y habla todo el tiempo". (¿Estaría haciéndose demasiado independiente y eso no le gustaba a ella?)

ILSE JACOBOVITS, ENFERMERA TITULADA
INSTRUCTORA DE GIMNASIA PARA EL CEREBRO, UTAH, E.U.A.

Enseñamos Gimnasia para el cerebro® a 11 niños que tenían dificultades para aprender. Después de cinco días, la calificación en sus exámenes de lectura y matemáticas mostró un avance de poco más de un año y cuatro meses, respectivamente, pese a que nuestro programa de estudios no incluía lectura ni matemáticas.

PAT Y DAVID SAUNDERS, DIRECTORES DE ESCUELA, E.U.A.

Después de dar una sesión introductoria de Gimnasia para el cerebro en una escuela, una mamá se acercó a mí y me preguntó si podía ver a Daniel. Daniel tenía 16 años pero actuaba como si tuviera 10, y tenía amigos de 10 años. Me dijo que había tenido varios problemas de conducta, emocionales y de comunicación, y lo habían llevado a todas las terapias disponibles para tratar de ayudarlo.

Daniel tuvo una enfermedad después de nacer que le provocó que sus ojos se le fueran constantemente hacia un lado. La postura de su cuerpo era flácida, todo el tiempo estaba mirando hacia el suelo, con la mandíbula apretada. Daniel tenía una autoestima muy baja.

Empezamos con "juegos para el cerebro" e inmediatamente me di cuenta de que era abusado y ponía antención, y era mucho más inteligente de lo que me habían dicho. Hicimos el Energetizador, PASO, El elefante, y otros 12 movimientos de Gimnasia para el cerebro; también hicimos otros movimientos de Vision Gym.

Daniel mostraba más interés, tenía una actitud más positiva y más dispuesto a aprender con cada movimiento de Gimnasia para el cerebro que le enseñaba. El movimiento que marcó la diferencia para Daniel fue dibujar Ochos perezosos enormes en un papel que habíamos sujetado a la pared. Al principio, sus ojos estaban a pocos milímetros de distancia del papel conforme trazaba, a la velocidad de un caracol, una línea tropezada y llena de picos. Sostuve su mano y su brazo y lo guié durante un rato, gradualmente acelerando el paso y agregando fluidez al movimiento y al movimiento de todo su cuerpo. ¡De pronto, Daniel soltó mi brazo y trazó un inmenso, fluido y grácil Ocho perezoso completamente solo!

Una semana después, di una charla sobre la Gimnasia para el cerebro en una escuela cercana, y el director, sin saber nada de lo anterior, comenzó a contarme de un niño que conocía, llamado Daniel, que tenía terribles problemas desde su nacimiento... tal vez yo podría ayudarlo. Me dijo: "Pero sabe, algo debe haberle pasado a Daniel porque cambió tanto recientemente, ahora tiene más confianza y su postura y su forma de caminar han mejorado notablemente".

Russell Gibbon
DIRECTOR DE Gimnasia para el cerebro, MÉXICO, D.F.

∽

Ánaluz (que tiene 14 años de edad) y yo estamos muy agradecidas por tu ayuda. En sus palabras, "me está funcionando muy bien la *Gimnasia para el cerebro*". Y en las mías, "¡Uf, qué alivio!" El cambio es tan notorio, tanto en actitud, manejo del enojo, concentración y retención de matemáticas. Muchas gracias, instructores de Gimnasia para el cerebro.

Erica Cohen, Tepoztlán, Morelos

∽

Con los ejercicios de Gimasia para el cerebro que mi hija Rita de 12 años aprendió cuando cursaba 5º y 6º de primaria con la maestra Lupita Ignorosa, logró pertenecer a la Escolta de la escuela (algo que nunca imaginábamos en la familia), adquirió confianza en sí misma y mejoraron notablemente sus calificaciones. Actualmente Rita cursa el primer grado de secundaria, tiene excelentes calificaciones, y ayuda a sus hermanos que están en la preparatoria. Estamos admirados con su avance. Yo también soy maestra y Rita me ayuda mucho y me da confianza y seguridad en lo que yo realizo.

Marisela Díaz Méndez, maestra normalista, México, D.F.

∽

Fui a Chile en 1989 con mi amiga Edna Harr, que tenía una gran experiencia como maestra de Gimnasia para el cerebro y era una persona muy simpática y divertida. Murió al año siguiente. Habíamos formado un grupo de 12 o 14 personas entusiastas, entre las que estaba Carmen, una mujer del desierto del norte de Chile. Carmen vivía en una pequeña población donde había sólo una escuela y una maestra para todos los grados escolares. En esa escuela había un niño de 12 años que no sabía leer, de manera que la maestra terminó por intencionalmente saltarlo cuando iba a pedir a alguien que leyera en voz alta, para no avergonzar al muchacho frente al grupo.

Carmen había ayudado a la maestra durante un largo tiempo, y ahora que había aprendido Gimnasia para el cerebro, podría utilizar sus actividades con sus alumnos. Al llegar, inmediatamente empezó a enseñar los movimientos y balanceos al niño. Dos meses después, la maestra olvidó saltar al niño y le pidió que leyera. Y él empezó a leer de manera fluida, ante la enorme sorpresa de ella y del grupo.

Puedo imaginar la satisfacción del niño y el impacto que la experiencia tuvo en su vida.

ILSE JACOBOVITS, ENFERMERA TITULADA
INSTRUCTORA DE GIMNASIA PARA EL CEREBRO, UTAH, E.U.A.

Después de terminar su curso introductorio de Gimnasia para el cerebro, Elda, que vive en Cuernavaca, Morelos, empezó a utilizar el PASO todos los días con sus alumnos de primaria. También les enseñaba otros movimientos específicos de Gimnasia para el cerebro, dependiendo de los retos particulares de cada niño. Álvaro era un niño muy difícil: tenía un comportamiento negativo y no podía mantener la atención. En la escuela estaban preocupados por él. Entonces Elda le enseñó el PASO y otros movimientos, incluyendo el propósito, intención y beneficios de los mismos.

Después de algunos días, Álvaro decidió por sí mismo, sin ninguna sugerencia de Elda o de otra persona, cambiar de mano para escribir. Lo curioso es que cambió de la mano izquierda a la derecha, que es lo opuesto a lo que comúnmente vemos los que nos dedicamos a la Gimnasia para el cerebro. Sin embargo, en un lapso de tiempo muy breve después de cambiar de mano, la atención de Álvaro y su comportamiento se transformaron de manera muy notoria. ¡Ahora, Elda tiene a uno de los alumnos más equilibrados, atentos y mejor portados en su salón de clase!

RUSSELL GIBBON
DIRECTOR DE GIMNASIA PARA EL CEREBRO, MÉXICO, D.F.

∽

Descubrí que puedo leer con rapidez. Percibo la historia completa antes de ver las palabras.

ESTUDIANTE DE 16 AÑOS, AUSTRALIA

En palabras de los niños

Querido Dr. Dennison:

Me encanta hacer Gimnasia para el cerebro. Mis movimientos favoritos son El búho, Activación de brazo, Bostezo energético, y El elefante. Me gusta que mi maestra haga conmigo El búho y Activación de brazo. ¡Dice que me estoy haciendo fuerte!

Creo que la Gimnasia para el cerebro me ha ayudado a aprender cómo brincar un obstáculo. ¡Ahora ya puedo correr y hacer 18 saltos de obstáculos! Cuando empecé, no podía hacer casi nada.

Tengo 12 años y voy en quinto de primaria; en mi escuela en Georgia, E.U., hacemos toda la Gimnasia para el cerebro que queremos o necesitamos, todos los días. Algunas veces, cuando me duele la cabeza, tomo Agua, me siento y hago Ganchos. Me ayuda a sentirme mejor.

La Gimnasia para el cerebro me ayuda a pensar mejor. Si no puedo recordar las tablas de multiplicar, me levanto, hago un poco de Gimnasia para el cerebro y las recuerdo.

Muchas gracias por inventar la Gimnasia para el cerebro, qué bueno que nuestra maestra nos la enseñó.

Atentamente,
Luke Adams

~

Desde que conocí los ejercicios de Gimnasia para el cerebro, con la maestra Lupita, en 5º y 6º grados de primaria, empecé a destacar en basquetbol y logré el primer lugar en aprovechamiento de toda la escuela. Acabo de terminar el primer grado de secundaria y tuve también el primer lugar en aprovechamiento; también obtuve el primer lugar en el concurso de oratoria. Yo recomiendo los ejercicios de Gimnasia para el cerebro a todos.

GILBERTO PARRA LEYVA, 12 AÑOS, MÉXICO, D.F.

～

Con los ejercicios de Gimnasia para el cerebro que aprendí con la maestra Lupita ya no le tengo miedo al maestro José del turno matutino, he logrado mejorar mis calificaciones y ya no me castigan por mala conducta.

RAÚL, 8 AÑOS, ESCUELA DE PARTICIPACIÓN SOCIAL 6, MÉXICO, D.F.

～

El balanceo que tuvo más efecto en mí fue uno que hice para curarme del miedo de abejas y avispas. Ahora ni siquiera pienso en el miedo cuando veo una avispa.

EMILIA, 12 AÑOS, GRAN BRETAÑA

～

En el curso "Niños divertidos" que tomamos el sábado pasado, me gustó todo muchísimo, pero especialmente los movimientos de Gimnasia para el cerebro y los juegos. Es bueno para mí en cada parte de mi vida.

JOSÉ EDUARDO, 8 AÑOS, MÉXICO, D.F.

Revisión de la investigación experimental usando Gimnasia para el cerebro

La siguiente es una recopilación de publicaciones profesionales y resúmenes de investigación de presentaciones de varias conferencias. Versa sobre la investigación experimental que se ha llevado a cabo usando la Gimnasia para el cerebro y otras técnicas de kinesiología de la educación en situaciones controladas. Sigue a cada referencia un breve resumen de la información que está comprendida dentro del trabajo más extenso.

Publicaciones

Khalsa, Guruchiter Kaur, Morris, G.S. Don, & Sifft, Josie M. (1988). Efecto de la kinesiología de la educación sobre el equilibrio estático de los estudiantes con alteraciones del aprendizaje. *Perceptual and Motor Skills*, 67, 51-54.

Esta publicación es el breve reporte de la investigación del primer estudio experimental llevado a cabo usando técnicas de Kinesiología Educativa. El estudio fue realizado por Guruchiter Kaur Khalsa como tesis para el título de Master en la Facultad de Salud, Educación Física y Recreación de la Universidad Politécnica Estatal de California.

Khalsa, Guruchiter K. y Sifft, Josie M. (1988). *Los efectos de la Kinesiología Educativa sobre el equilibrio estático de niños y niñas con discapacidad en el aprendizaje* (ERIC Servicio de Reproducción de Documento Núm. ED 320891).

Esta publicación, una edición de pasta dura de una presentación hecha ante la Alianza Estadounidense para la Convención Nacional de Salud, Educación Física, Recreación y Danza en Las Vegas, Nevada, en abril de 1987, presenta información detallada del primer estudio experimental llevado a cabo usando técnica de Kinesiología Educativa incluyendo algunas actividades de la Gimnasia para el cerebro y de la Reprogramación Lateral de Dennison. La publicación completa está disponible en el Centro de Información de Recursos Educativos o puede verse en microfichas.

Sifft, Josie M. (1990). Kinesiología Educativa: estimulación de estudiantes y atletas a través del ejercicio (ERIC Servicio de Reproducción de Documento Núm. ED 320891).

Esta publicación, una edición de pasta dura de una presentación hecha ante la Alianza Estadounidense para la Convención Nacional de Salud, Educación Física, Recreación y Danza en Nueva Orléans, Lousiana, en abril de 1990, ofrece un panorama de la Kinesiología Educativa, una explicación de algunas de las actividades de la Gimnasia para el cerebro y un reporte de la investigación hasta la fecha. La publicación completa está disponible en el Centro de Información de Recursos Educativos o puede verse en microfichas.

Sifft, Josie M. y G.C.K. Khalsa (1991). Los efectos de la Kinesiología Educativa sobre tiempos simples de respuesta y tiempos de respuesta ante elecciones. *Perceptual and Motor Skills*, 73, 1011-1015.

Esta publicación es un breve reporte de la investigación del segundo estudio experimental llevado a cabo usando técnicas de la kinesiología de la educación. El estudio fue realizado con estudiantes universitarios para ver si las actividades de la Gimnasia para el cerebro y de la Reprogramación Lateral de Dennison influenciaban los tiempos de respuesta a un estímulo visual. Los resultados indicaron que ambos grupos de EDU-K fueron superiores al grupo de control y que el grupo reprogramado obtuvo un resultado dos veces más alto que el grupo que practicaba solamente la Gimnasia para el cerebro.

Resumen de las investigaciones

"El efecto de Kinesiología Educativa sobre el equilibrio estático de niños y niñas con discapacidad en el aprendizaje", Khalsa.

Guruchiter Kaur y Sifft, Josie M. Convención Nacional de la Alianza Estadounidense de Salud, Educación Física, Recreación y Danza, abril de 1987, Las Vegas, Nevada.

Este estudio fue llevado a cabo con sesenta estudiantes de primaria que habían sido clasificados con discapacidad de aprendizaje. Un número igual de niños y niñas se dividió en tres grupos: Reprogramados de Edu-K, Ejercicios de Edu-K y un grupo de control. Los resultados indicaron que el grupo de Reprogramados de Edu-K mostraba una mejoría mayor en el equilibrio estático que el grupo de Ejercicios de Edu-K, que a su vez se desempeñó mejor que el grupo de control. Los descubrimientos también sugieren que Edu-K se puede usar efectivamente en situaciones de coeducación.

"Efecto de la Kinesiología Educativa sobre tiempo de respuesta simple y de elecciones cuádruple". Sifft, Josie M. y Khalsa. Gutuchiter Kaur. Convención del Distrito Sudoeste de la Alianza Estadounidense de Salud, Educación Física, Recreación y Danza, marzo de 1989, Salt Lake City, Utah.

Este estudio efectuado con estudiantes universitarios comparó a un grupo de control con dos grupos experimentales, uno de ellos usando solo actividades de Gimnasia para el cerebro y el otro experimentando Reprogramación de Dennison y las actividades de Gimnasia para el cerebro. Los resultados indicaron que los puntos de Edu-K fueron superiores al grupo de control en tiempo de respuesta frente a una elección cuádruple ante un despliegue visual de luces. El grupo reprogramado consiguió un desempeño dos veces mejor que el grupo de Gimnasia para el cerebro.

"Efecto de la Kinesiología Educativa sobre la audición", Sifft, Josie M. y Khalsa, Guruchiter Kaur. Asociación Californiana para la Conferencia Regional de Salud, Educación Física, Recreación y Danza, diciembre de 1990, Long Beach, California.

Este estudio fue llevado a cabo con dieciséis profesores de primaria quienes actuaron como su propio control. A cada profesor se le examinó con el audiómetro de tono-puro antes y después de experimentar cada ejercicio de movimiento. Las experiencias del ejercicio consistían en diez minutos de movimientos al azar en un salón, o una serie de cinco actividades de Gimnasia para el cerebro. Los resultados indicaron que la audición de los profesores fue mejor después de las actividades de Gimnasia para el cerebro que después de los movimientos al azar.

"Efectos de la Kinesiología Educativa sobre los tiempos de respuesta de estudiantes con discapacidad de aprendizaje", Khalsa, Guruchiter Kaur y Sifft, Josie M., manuscrito sin publicar.

Este estudio fue llevado a cabo con cincuenta y dos niños seleccionados de la clase de educación especial. El grupo de Gimnasia para el cerebro realizó una secuencia de actividades, mientras que el grupo de control se dedicó a realizar movimientos al azar por aproximadamente siete minutos. A todos los estudiantes se les examinó en su tiempo de respuesta visual antes y después de las actividades de movimientos.

Los resultados indicaron que los niños expuestos a los ejercicios de Gimnasia para el cerebro mejoraron en la tarea de tiempo de respuesta mientras que no fue así con los del grupo de control.

Glosario

acomodación / habilidad rápida y automática de ajustar el enfoque para adaptarse a las necesidades visuales.

analítico / se refiere a la habilidad para percibir la realidad en partes aisladas y separadas sin tener en cuenta su contexto como un todo.

balance, balanceando, proceso de balance / utilización de los cinco pasos de Edu-K para determinar cuál enseñanza ayuda en la disparidad entre la postura y un movimiento efectivo o representación.

bilateralidad / habilidad para coordinar dos lados para que funcionen como una unidad.

campo medio / área en donde los dos campos visuales de la persona se superponen para un aprendizaje integrado.

centrar / habilidad de cruzar la línea divisoria entre el contenido emocional y la idea abstracta; también, la organización de los reflejos corporales.

codificar / expresar sentido y lenguaje a través del uso de los símbolos escritos.

convergencia / habilidad para dirigir los dos ojos de modo que los ejes visuales de ambos ojos están sobre la imagen que está siendo fijada, de tal manera que la fusión binocular sea posible.

coordinación ojo-mano / habilidad motora y visual: la base para trabajar con cualquier aspecto del lenguaje escrito, incluyendo la lectura, la ortografía y matemáticas.

curso de círculos de la visión / curso de educación kinesiológica dirigido a las ocho áreas del desarrollo perceptivo, especialmente aplicados a la visión.

curso de la dinámica del movimiento / curso de Edu-K que utiliza secuencias de movimientos y actividades experimentales de Gimnasia para el cerebro y Vision Gym para ayudar en la integración de las tres dimensiones posturales de Edu-K.

curso de organización de perfiles del cerebro / curso que estudia el patrón que utiliza una persona para coordinar la conexión neurológica entre las áreas del cerebro y los correspondientes ojos, oídos, manos y resto del cuerpo para aprender en una situación dada.

decodificar / análisis de cualquier lenguaje simbólico para traducción a un mensaje con sentido.

desconectado / el estado involuntario de inhibición de uno de los hemisferios cerebrales para poder acceder de una manera mejor al otro hemisferio, debido a estrés o falta de integración.

dislexia / rótulo que se usa para describir la inhabilidad percibida para decodificar los símbolos impresos debido a la inhibición de los centros receptivos del cerebro. En sentido más amplio, cualquier inhabilidad de aprendizaje que cause confusión y comportamientos compensatorios.

dominancia / preferencia heredada por un hemisferio cerebral sobre el otro para el uso de mano, ojo, oído, etcétera.

dominancia mixta (también llamada dominancia cruzada) / es el patrón de organización cerebral en donde se es dominante con una mano, usualmente la derecha, y se es dominante con el ojo y/u oído contrario.

ecología / estudio de la interdependencia de seres vivos o inertes en un ambiente o sistema cerrado.

Edu-Kinesthetics / aplicación de kinestesia (movimiento o ejercicio) para el estudio del cerebro derecho, cerebro izquierdo e integración del cuerpo con el objetivo de eliminar el estrés y maximizar el potencial total del aprendizaje.

enfoque / la habilidad de concentrarse en un segmento de la experiencia propia, diferenciándolo de otros segmentos con conciencia de las diferencias y similaridades presentes.

enfoque compensatorio / el enfoque anticuado de educación para las discapacidades de aprendizaje que hace énfasis en que los niños tienen que aceptar su situación y aprender a adaptarse a ella maximizando un talento y compensando las debilidades.

escanear / habilidad de mover los ojos a través del entorno para conseguir una información de tipo gestalt sin estar consciente.

examinar superficialmente / la habilidad de fijarse eficientemente en detalles relevantes, descartando otra información visual.

feedback positivo / la habilidad de la memoria de corto plazo que ayuda a anticipar la voz interna propia de la memoria de largo plazo.

fusión / la habilidad del cerebro para unir la información proveniente de ambos ojos.

Gateo cruzado / cualquier movimiento contralateral en donde un lado del cuerpo se mueve en coordinación con el otro, lo cual requiere una activación cerebral bihemisférica.

gestalt / percepción de la realidad como un todo o como una totalidad sin atender al análisis de sus partes.

Gimnasia para el cerebro o Brain Gym / serie de movimientos específicamente concebidos para activar el cerebro y el resto del cuerpo a fin de lograr destrezas de aprendizaje (por ejemplo, visual, auditiva). También es marca registrada que describe estos movimientos Edu-K para el aprendizaje holista, así como el título de los cursos del programa.

habilidades laterales / comunicación, lenguaje, habilidades de puntos cercanos que requieren la orientación espacial de izquierda a derecha.

homolateral / elección involuntaria de sólo uno de los hemisferios cerebrales, bloqueando el aprendizaje y el movimiento integrado.

integración / unificar; proceso de identificación del propio potencial; activación armónica del cerebro completo.

integración binocular / habilidad de trabajo en equipo de los ojos, esencial para que los dos ojos y todos los músculos recíprocos trabajen como uno solo.

Kinesiología Educativa (Edu-K) / proceso para hacer surgir las habilidades de aprendizaje innatas mediante la comprensión del movimiento y su relación con patrones integrales cuerpo-mente del aprendizaje. También: *Educación Kinesiológica en profundidad: siete dimensiones de la inteligencia humana* –curso avanzado de Edu-K que explora la relación de la estructura física con la función, el cual ofrece un sistema prioritario para la integración de patrones de movimiento que ayudan a cumplir los objetivos personales.

línea media / la línea que separa un campo visual de otro y la conciencia de cada hemisferio sobre el otro.

lineal / es aquello que es procesado secuencialmente, a través del tiempo, en vez de hacerlo de manera espontánea. Como un todo.

mezclar / síntesis visual o auditiva de partes separadas tales como sílabas o sonidos fonéticos del discurso para lectura, a entidades más largas y con más sentido.

movimiento del cráneo / habilidad de los huesos del cráneo para moverse durante la respiración, el movimiento, y el aprendizaje.

movimiento sacádico del ojo / movimiento de los ojos cuando se salta la atención de un enfoque a otro.

movimientos integrados / serie de movimientos integrales que estimulan los centros físico y emocional, parte central de la percepción, así como la respiración adecuada.

PASO / en Edu-K, acróstico (positiva, activo, sanea y oxígeno) de los cuatro pasos de la técnica de aptitud para el aprendizaje, que el individuo puede usar para adecuar de manera óptima su ritmo de aprendizaje.

percepción de profundidad / habilidad para ver objetos en las tres dimensiones o para juzgar la distancia espacial relativa entre los objetos.

puerta visual / la habilidad de estar consciente de una imagen doble, al enfocar más allá la imagen en la distancia.

reflejo / es actuar sin conocimiento consciente y con la autopreservación como motivo primario. Usado como un verbo dentro de Edu-Kinesthetics para referirse a los movimientos iniciados por el cerebro gestalt cuando se está en un estado homolateral y no integrado.

Remodelación Dennison de Laterización (DLR por sus siglas en inglés) / proceso de cinco pasos que estimula las etapas clave de lateralización desde la infancia por medio de caminar, como ayuda para liberar hábitos compensatorios visuales o de postura.

retroalimentación / la habilidad de la memoria de corto plazo que ayuda a oír la voz interna propia repitiendo algo pensado, leído o escuchado.

sobreenfoque / estado extremo de atención en donde la persona pierde la habilidad de relacionar los detalles con todo el contexto en el cual se desenvuelven.

toque sanador / proceso de dar tono y estimular los músculos individuales y el sistema muscular al activar los sistemas linfático y vascular del cuerpo.

visión periférica / la habilidad de estar consciente de la información de ambos lados del cuerpo mientras se está enfocando directamente hacia el frente.

Bibliografía

Amstrong, Thomas, Ph. D., *In Theri Own Way: Discovering and Encouraging Your Child's Personal Learning Style*, Los Ángeles, CA, Jeremy P. Tarcher, Inc., 1987.

Anderson, Bob, *Stretching*, Bolinas, CA, Shelter Publications, Inc., 1980.

Ayres, A, Jean, *Sensory Integration and Learning Disorders*, Los Ángeles, CA, Western Psychological Services, 1973.

Benzwie, Teresa, Ph. D., *A Moving Experience: Dance for Lovers of Children and the Child Within*, Tucson, AZ, Zephyr Press, 1987.

Brookes, Mona, *Drawing With Children*, Los Ángeles, CA, Jeremy P. Tarcher, Ic., 1986.

Buzan, Tony, *Use Both Sides or Your Brain*, New York, NY, E.P. Dutton, 1974.

Canfield, Jack and Wells, Harold, *100 Ways to Enhance Self-Concept in the Classroom*, Englewood Cliffs, NI, Prentice Hall, Inc., 1976.

Cherry, Clare, Goodwin, Douglas, Staples, Jesse, *Is the Left Brain Always Right?*, Belmont, CA, Fearon Teacher Aids, 1989.

Clark, Linda, *Optimizing Learning: The Integrative Education Model in the Classroom*, Columbus, OH, Merill Publishing Company, 1986.

Coob, Vicy, *How to Really Foll Yourself (Illustrations for All Your Senses)*, New York, NY, J.B., Lippincott, 1981.

Delacato, Carl H., *The Diagnosis and Treatment of Speech and Reading Problems*, Springfield, IL, Charles C. Thomas, 1963.

Dennison. (Ver lista de libros al final.)

Gardner, Howard, *Frames of Minf: The Theory of Multiple Intelligences*, New York, NY, Basic Books, Inc., 1985.

Getman, Gerald N., O.D., D.O.S., *How to Develop Your Child's Intelligence*, Irvine, CA, Research Publications, 1984.

___ , *Smart in Everything... Except School*, Santa Ana, CA, Vision Extension, Inc., 1992.

Gilbert, Ann Green, *Teaching the Three Rs Through Movement Experiences*, New York, NY, MacMillan Publishing Co., 1977.

Goodrich, Janet, *Natural Vision Improvement*, Berkey, CA, Celestial Arts, 1986.

Kavner, Richard S., O.D., *Your Child's Vision*, New York, NY, Kavner Books, 1986.

Kephart, Newell, C., *The Slow Learner in the Classroom*, Columbus, OH, Charles C. Merrill, 1960.

Lyman, Donald E., *Making the Words Stand Still*, Boston, MA, Houghton Mifflin Co., 1986.

Mander, Jerry, *Four Arguments for the Elimination of Television*, New York, NY, William Morrow and Company, Inc., 1978.

Montessori, Maria, *The Absorvent Mind*, New York, NY, Rinehart, 1967.

Ostrander, S. and Schroeder, I., *Superlearning*, New York, NY, Dell Publishing Co., Inc., 1979.

Ott, John, *Health and Light*, Old Greenwich, CT, The Devin-Adair Co., 1973.

Pearce, Joseph Chilton, *The Magical Child Matures*, New York, NY, Bantam Books, 1986.

Pelletier, Kenneth, R., *Mind as Healer, Mind as Slayer*, New York, NY, Delta Press, 1977.

Spache, G.B., Hinds, L.R., Ging, L.B., *et al. Vision and School Success*, Cleveland, OH, Clarion, 1990.

Thie, John F., D.C., *Touch fot Health*, Marina del Rey, CA, DeVorss & Co., 1973.

Walthers, David S., *Applied Kinesiology: The Advanced Approach to Chiropractic*, Pueblo, CO, Systems DC, 1976.

Weinwe, Harold, *Eyes OK. I'm OK*, San Raphael, CA, Academic Therapy Publications, 1977.

Para su información

Los movimientos y actividades descritas en este libro son sólo para uso educativo. Los autores y Edu-Kinesthetics Inc., no pretenden presentar ninguna parte de este trabajo como un diagnóstico o prescripción para alivio de algún lector o estudiante, como tampoco son responsables en caso de que alguien represente este programa en forma inadecuada.

Se recomienda que consulte a su médico antes de comenzar cualquier programa de movimiento.

Cuando se comience un ejercicio es importante recordar que las habilidades deben desarrollarse poco a poco a través del tiempo. Todos los ejercicios son fáciles y cómodos de hacer en cualquier momento.

Este programa de autoayuda complementará y apoyará su programa educativo y médico actual, bien sea que se haga con un médico, quiropráctico, optómetra o terapista educacional.

Para aprender más sobre el programa de Gimnasia para el cerebro por favor escriba a:

Russell Gibbon y Cristina Pruneda
Arte del Cambio
Apartado postal 5099,
Col. Cuauhtémoc, México 06500, D.F.
Teléfono y fax: (5255) 55 11 07 94
Correo electrónico: info@artedelcambio.com
Páginas en internet: www.artedelcambio.com
                     www.braingym.com.mx
                     www.braingymlatino.com

Niveles de capacitación

Nivel I ("100"): Curso Introductorio a Gimnasia para el cerebro "101", que enseña las bases del sistema: los 26 movimientos clásicos de la Gimnasia para el cerebro; los formatos de Balanceo para la Remodelación de Patrones Neuronales, que permiten dirigir la intencionalidad del cambio personal/grupal y las bases de la Kinesiología (verificación de respuestas musculares que propician la comunicación entre el sistema mente-cuerpo). Este nivel exige de 48 horas de capacitación y la presentación de estudio de caso.

Nivel II ("200"): Esta fase consiste en varios cursos que es necesario completar a fin de cumplir con un mínimo de 60 horas de capacitación. A lo largo del año, damos los siguientes cursos:

Circulos de visión: Taller vivencial destinado al desarrollo perceptual y al aprendizaje de 34 movimientos sensorio-motores adicionales (Vision Gym) durante la exploración de ocho círculos o espacios diseñados en Formatos de Balanceo para la Remodelación de Patrones Neuronales de Gimnasia para el cerebro, que promueven la transformación personal.

Perfiles de organización cerebral: Se estudian las posibles combinaciones de dominancias crebrales, sentidos perceptuales y preferencias manuales y locomotoras, que hacen de cada persona un "perfil único" en téminos de la utilización de su cerebro. Se enseñan técnicas para identificar los distintos perfiles cerebrales y herramientas para ayudar a quienes no poseen la combinación neurológica óptima para el aprendizaje o desarrollo de tareas.

☞

☞

Kinesiología de toque para la salud: Los fundamentos de la Kinesiología (base del Sistema Gimnasia para el cerebro), de acuerdo con las enseñanzas de uno de sus creadores, el Dr. John Thie. Se estudian las bases de la respuesta muscular, anatomía, fisiología y acupuntura humanas.

Nivel III ("300"): Este nivel consta principalmente del curso certificado "Educación Kinesiológica (Edu-K) en Profundidad". Consiste en 32 horas de capacitación oficial.

Nivel IV ("400"): Este último nivel contiene el curso "Practicum" del Maestro de Gimnasia para el cerebro, el cual consiste en 32 horas de entrenamiento para dotar de herramientas didácticas para la enseñanza del Sistema Edu-K / Gimnasia para el cerebro.

Edu-Kinesthetics Inc.
Distribuidora oficial de libros y materiales educativos
de Gimnasia para el Cerebro® en idioma inglés.

Post Office Box 3395,
Ventura, California 93006-3395 USA
Tel : 001 805 650 3303
Página en internet: www.braingym.com

Arte del Cambio
Distribuidor autorizado en exclusiva para el mundo
hispanoparlante de manuales y materiales educativos
de Gimnasia para el Cerebro® en idioma español.

Los Juárez 3, Col. Insurgentes-Mixcoac,
03920, México, D.F.
Tel / Fax : 0052 (55) 55 11 07 94
Página en internet: www.artedelcambio.com

Brain Gym® International
Fundación sin fines de lucro que regula la práctica
de la Gimnasia para el Cerebro® en el mundo.

1575 Spinnaker Drive, Suite 204B,
Ventura, California. 93001, USA
Tel : 001 805 658 7942
Página en internet: www.braingym.org

Sobre los autores

El doctor **Paul E. Dennison** es un educador profesional, pionero en la investigación aplicada del cerebro y una autoridad en destrezas cognitivas y de lectura. Recibió doctorado en educación por su investigación sobre lectura y desarrollo cognitivo. Su investigación clínica en Estados Unidos acerca de las causas y tratamiento de las dificultades en lectura dieron como resultado la Kinesiología Educativa y Brain Gym, Gimnasia para el cerebro. En la actualidad, tales programas son utilizados en más de 80 países alrededor del mundo y su labor traducida en más de 40 lenguas.

En 1999, Paul y Gail Dennison recibieron el prestigioso galardón *Reading Excellence Through the Arts Award* por parte de la Asociación Internacional de Lectura, International Reading Association, por su "ejemplar labor a favor de la infancia, los maestros, el alfabetismo y las artes".

Gail Dennison es Educadora de Salud Holística, y, desde 1971 se ha dedicado a dirigir grupos orientados al crecimiento. Ha enseñado "Touch for Health" (John F. Thie) en colegios comunitarios, centros holísticos y grupos de mujeres en el área de Los Ángeles desde 1977. Actualmente es la Directora de Movimiento Integrado para Edu-Kinesthetics. Su descubrimiento de los métodos del Dr. Dennison fue la realización de su sueño de toda su vida de trabajar creativamente con la integración de cuerpo/mente. Además añade a su trabajo antecedentes de arte, danza y teatro.

Madre de dos hijos muy creativos (también ardientes entusiastas de la Gimnasia para el cerebro) se mantiene muy activa viajando internacionalmente y trabajando con libros y otros proyectos relacionados a la Gimnasia para el cerebro junto a su esposo.

Esta obra se terminó de imprimir
en mayo de 2008, en los Talleres de

IREMA, S.A. de C.V.
Oculistas No. 43, Col. Sifón
09400, Iztapalapa, D.F.